ŒUVRES

CHOISIES

DE BOILEAU

DESPRÉAUX.

Ye

875

OEUVRES

CHOISIES

DE BOILEAU

DESPRÉAUX.

PARIS,

LIBRAIRIE DE LA SOCIÉTÉ DE L'ENSEIGNEMENT CATHOLIQUE,
Rue Pierre-Sarrazin, 7.

1839.

OEUVRES POÉTIQUES

DE

BOILEAU DESPRÉAUX.

DISCOURS AU ROI.

(1665 — 29)

Jeune et vaillant Héros, dont la haute sagesse
N'est point le fruit tardif d'une lente vieillesse,
Et qui seul, sans ministre, à l'exemple des dieux,
Soutiens tout par toi-même, et vois tout par tes yeux ;
Grand Roi, si jusqu'ici, par un trait de prudence,
J'ai demeuré pour toi dans un humble silence,
Ce n'est pas que mon cœur, vainement suspendu,
Balance pour t'offrir un encens qui t'est dû.
Mais je sais peu louer, et ma muse tremblante
Fuit d'un si grand fardeau la charge trop pesante,
Et, dans ce haut éclat où tu te viens offrir,
Touchant à tes lauriers, craindrait de les flétrir.
  Ainsi, sans m'aveugler d'une vaine manie,
Je mesure mon vol à mon faible génie,
Plus sage, en mon respect, que ces hardis mortels
Qui d'un indigne encens profanent tes autels ;
Qui, dans ce champ d'honneur où le gain les amène,
Osent chanter ton nom sans force et sans haleine,
Et qui vont tous les jours, d'une importune voix,
T'ennuyer du récit de tes propres exploits.
  L'un, en style pompeux habillant une églogue,
De ses rares vertus te fait un long prologue,

1

Et mêle, en se vantant soi-même à tout propos,
Les louanges d'un fat à celles d'un héros.
    L'autre, en vain se lassant à polir une rime,
Et reprenant vingt fois le rabot et la lime,
(Grand et nouvel effort d'un esprit sans pareil!)
Dans la fin d'un sonnet te compare au soleil.
    Sur le haut Hélicon leur veine méprisée
Fut toujours des neuf Sœurs la fable et la risée.
Calliope jamais ne daigna leur parler,
Et Pégase pour eux refuse de voler.
Cependant, à les voir, enflés de tant d'audace,
Te promettre en leur nom les faveurs du Parnasse,
On dirait qu'ils ont seuls l'oreille d'Apollon,
Qu'ils disposent de tout dans le sacré vallon.
C'est à leurs doctes mains, si l'on veut les en croire,
Que Phébus a commis tout le soin de ta gloire;
Et ton nom, du Midi jusqu'à l'Ourse vanté,
Ne devra qu'à leurs vers son immortalité.
Mais plutôt, sans ce nom, dont la vive lumière
Donne un lustre éclatant à leur veine grossière,
Ils verraient leurs écrits, honte de l'univers,
Pourrir dans la poussière à la merci des vers.
A l'ombre de ton nom ils trouvent leur asile;
Comme on voit dans les champs un arbrisseau débile,
Qui, sans l'heureux appui qui le tient attaché,
Languirait tristement sur la terre couché.
    Ce n'est pas que ma plume, injuste et téméraire,
Veuille blâmer en eux le dessein de te plaire;
Et parmi tant d'auteurs, je veux bien l'avouer,
Apollon en connaît qui te peuvent louer.
Oui, je sais qu'entre ceux qui t'adressent leurs veilles,
Parmi les Pelletiers on compte des Corneilles.
Mais je ne puis souffrir qu'un esprit de travers,
Qui, pour rimer des mots, pense faire des vers,
Se donne en te louant une gêne inutile.
Pour chanter un Auguste, il faut être un Virgile.

Et j'approuve les soins du monarque guerrier
Qui ne pouvait souffrir qu'un artisan grossier
Entreprît de tracer, d'une main criminelle,
Un portrait réservé pour le pinceau d'Apelle.
  Moi donc, qui connais peu Phébus et ses douceurs,
Qui suis nouveau sevré sur le mont des neuf Sœurs,
Attendant que pour toi l'âge ait mûri ma muse,
Sur de moindres sujets je l'exerce et l'amuse :
Et tandis que ton bras, des peuples redouté,
Va, la foudre à la main, rétablir l'équité,
Et retient les méchants par la peur des supplices,
Moi, la plume à la main, je gourmande les vices ;
Et, gardant pour moi-même une juste rigueur,
Je confie au papier les secrets de mon cœur.
Ainsi, dès qu'une fois ma verve se réveille,
Comme on voit au printemps la diligente abeille,
Qui du butin des fleurs va composer son miel,
Des sottises du temps je compose mon fiel.
Je vais de toutes parts où me guide ma veine,
Sans tenir en marchant une route certaine,
Et sans gêner ma plume, en ce libre métier,
Je la laisse au hasard courir sur le papier.
  Le mal est qu'en rimant, ma muse, un peu légère,
Nomme tout par son nom, et ne saurait rien taire.
C'est là ce qui fait peur aux esprits de ce temps,
Qui, tout blancs au dehors, sont tout noirs au dedans.
Ils tremblent qu'un censeur, que sa verve encourage,
Ne vienne en ses écrits démasquer leur visage,
Et, fouillant dans leurs mœurs en toute liberté,
N'aille du fond du puits tirer la vérité.
Tous ces gens, éperdus au seul nom de satire,
Font d'abord le procès à quiconque ose rire.
Ce sont eux que l'on voit, d'un discours insensé,
Publier dans Paris que tout est renversé,
Au moindre bruit qui court qu'un auteur les menace
De jouer des bigots la trompeuse grimace.

Pour eux un tel ouvrage est un monstre odieux ;
C'est offenser les lois, c'est s'attaquer aux cieux.
Mais, bien que d'un faux zèle ils masquent leur faiblesse,
Chacun voit qu'en effet la vérité les blesse.
En vain d'un lâche orgueil leur esprit revêtu
Se couvre du manteau d'une austère vertu :
Leur cœur qui se connaît, et qui fuit la lumière,
S'il se moque de Dieu, craint Tartufe et Molière.

  Mais pourquoi sur ce point sans raison m'écarter ?
Grand roi, c'est mon défaut, je ne saurais flatter.
Je ne sais point au ciel placer un ridicule,
D'un nain faire un Atlas, ou d'un lâche un Hercule,
Et, sans cesse en esclave à la suite des grands,
A des dieux sans vertu prodiguer mon encens.
On ne me verra point, d'une veine forcée,
Même pour te louer, déguiser ma pensée :
Et, quelque grand que soit ton pouvoir souverain,
Si mon cœur en ces vers ne parlait par ma main,
Il n'est espoir de biens, ni raison, ni maxime,
Qui pût en ta faveur m'arracher une rime.

  Mais lorsque je te vois, d'une si noble ardeur,
T'appliquer sans relâche aux soins de ta grandeur,
Faire honte à ces rois que le travail étonne,
Et qui sont accablés du faix de leur couronne ;
Quand je vois ta sagesse, en ses justes projets,
D'une heureuse abondance enrichir tes sujets,
Fouler aux pieds l'orgueil et du Tage et du Tibre,
Nous faire de la mer une campagne libre ;
Et tes braves guerriers, fécondant ton grand cœur,
Rendre à l'aigle éperdu sa première vigueur ;
La France sous tes lois maîtriser la fortune,
Et nos vaisseaux, domptant l'un et l'autre Neptune,
Nous aller chercher l'or, malgré l'onde et le vent,
Aux lieux où le soleil le forme en se levant :
Alors, sans consulter si Phébus l'en avoue,
Ma muse tout en feu me prévient et te loue.

Mais bientôt la raison, arrivant au secours,
Vient d'un si beau projet interrompre le cours,
Et me fait concevoir, quelqu'ardeur qui m'emporte,
Que je n'ai ni le ton, ni la voix assez forte.
Aussitôt je m'effraie, et mon esprit troublé
Laisse là le fardeau dont il est accablé :
Et sans passer plus loin, finissant mon ouvrage,
Comme un pilote en mer, qu'épouvante l'orage,
Dès que le bord paraît, sans songer où je suis,
Je me sauve à la nage, et j'aborde où je puis.

PREMIÈRE SATIRE.

LE DÉPART DU POÈTE.
(1660 — 24)

Damon, ce grand auteur, dont la muse fertile
Amusa si long-temps et la cour et la ville ;
Mais qui, n'étant vêtu que de simple bureau,
Passe l'été sans linge et l'hiver sans manteau,
Et de qui le corps sec et la mine affamée
N'en sont pas mieux refaits pour tant de renommée ;
Las de perdre en rimant et sa peine et son bien,
D'emprunter en tous lieux, et de ne gagner rien,
Sans habits, sans argent, ne sachant plus que faire,
Vient de s'enfuir chargé de sa seule misère ;
Et, bien loin des sergents, des clercs et du palais,
Va chercher un repos qu'il ne trouva jamais :
Sans attendre qu'ici la justice ennemie
L'enferme en un cachot le reste de sa vie ;
Ou que d'un bonnet vert le salutaire affront
Flétrisse les lauriers qui lui couvrent le front.

Mais le jour qu'il partit, plus défait et plus blême

Que n'est un pénitent sur la fin du carême,
La colère dans l'âme et le feu dans les yeux,
Il distilla sa rage en ces tristes adieux :
　　« Puisqu'en ce lieu, jadis aux muses si commode,
Le mérite et l'esprit ne sont plus à la mode ;
Qu'un poète, dit-il, s'y voit maudit de Dieu,
Et qu'ici la vertu n'a plus ni feu ni lieu ;
Allons du moins chercher quelqu'autre ou quelque roche,
D'où jamais ni l'huissier, ni le sergent n'approche ;
Et, sans lasser le ciel par des vœux impuissants,
Mettons-nous à l'abri des injures du temps ;
Tandis que libre encor, malgré les destinées,
Mon corps n'est point courbé sous le faix des années,
Qu'on ne voit point mes pas sous l'âge chanceler,
Et qu'il reste à la Parque encor de quoi filer :
C'est là, dans mon malheur, le seul conseil à suivre.
Que George vive ici, puisque George y sait vivre,
Qu'un million comptant, par ses fourbes acquis,
De clerc, jadis laquais, a fait comte et marquis :
Que Jacquin vive ici, dont l'adresse funeste
A plus causé de maux que la guerre ou la peste ;
Qui de ses revenus écrits par alphabet
Peut fournir aisément un calepin complet ;
Qu'il règne dans ces lieux ; il a droit de s'y plaire.
Mais moi, vivre à Paris ! Eh ! qu'y voudrais-je faire ?
Je ne sais ni tromper, ni feindre, ni mentir ;
Et, quand je le pourrais, je n'y puis consentir.
Je ne sais point, en lâche, essuyer les outrages
D'un faquin orgueilleux qui vous tient à ses gages ;
De mes sonnets flatteurs lasser tout l'univers,
Et vendre au plus offrant mon encens et mes vers :
Pour un si bas emploi ma muse est trop altière.
Je suis rustique et fier, et j'ai l'âme grossière ;
Je ne puis rien nommer, si ce n'est par son nom :
J'appelle un chat un chat, et Rolet un fripon.
De servir un amant, je n'en ai pas l'adresse ;

J'ignore ce grand art qui gagne une maîtresse ;
Et je suis à Paris, triste, pauvre et reclus,
Ainsi qu'un corps sans âme, ou devenu perclus.
    « Mais pourquoi, dira-t-on, cette vertu sauvage
Qui court à l'hôpital et n'est plus en usage ?
La richesse permet une juste fierté ;
Mais il faut être souple avec la pauvreté.
C'est par là qu'un auteur que presse l'indigence
Peut des astres malins corriger l'influence,
Et que le sort burlesque, en ce siècle de fer,
D'un pédant, quand il veut, sait faire un duc et pair.
Ainsi de la vertu la fortune se joue :
Tel aujourd'hui triomphe au plus haut de sa roue,
Qu'on verrait, de couleurs bizarrement orné,
Conduire le carrosse où l'on le voit traîné,
Si dans les droits du roi sa funeste science
Par deux ou trois avis n'eût ravagé la France.
Je sais qu'un juste effroi, l'éloignant de ces lieux,
L'a fait pour quelques mois disparaître à nos yeux:
Mais en vain pour un temps une taxe l'exile ;
On le verra bientôt, pompeux en cette ville,
Marcher encor chargé des dépouilles d'autrui,
Et jouir du ciel même irrité contre lui ;
Tandis que Colletet, crotté jusqu'à l'échine,
S'en va chercher son pain de cuisine en cuisine,
Savant en ce métier, si cher aux beaux-esprits,
Dont Montmaur autrefois fit leçon dans Paris.
    « Il est vrai que du roi la bonté secourable
Jette enfin sur la muse un regard favorable,
Et, réparant du sort l'aveuglement fatal,
Va tirer désormais Phébus de l'hôpital.
On doit tout espérer d'un monarque si juste ;
Mais, sans un Mécénas, à quoi sert un Auguste ?
Et fait comme je suis, au siècle d'aujourd'hui,
Qui voudra s'abaisser à me servir d'appui ?
Et puis, comment percer cette foule effroyable

De rimeurs affamés dont le nombre l'accable,
Qui, dès que sa main s'ouvre, y courent les premiers,
Et ravissent un bien qu'on devait aux derniers ;
Comme on voit les frelons, troupe lâche et stérile,
Aller piller le miel que l'abeille distille ?
Cessons donc d'aspirer à ce prix tant vanté
Que donne la faveur à l'importunité.
Saint-Amant n'eut du ciel que sa veine en partage ;
L'habit qu'il eut sur lui fut son seul héritage :
Un lit et deux placets composaient tout son bien,
Ou, pour mieux en parler, Saint-Amant n'avait rien.
Mais quoi ! las de traîner une vie importune,
Il engagea ce rien pour chercher la fortune,
Et, tout chargé de vers qu'il devait mettre au jour,
Conduit d'un vain espoir, il parut à la cour.
Qu'arriva-t-il enfin de sa muse abusée ?
Il en revint couvert de honte et de risée ;
Et la fièvre, au retour, terminant son destin,
Fit par avance en lui ce qu'aurait fait la faim.
Un poète à la cour fut jadis à la mode ;
Mais des fous aujourd'hui c'est le plus incommode :
Et l'esprit le plus beau, l'auteur le plus poli,
N'y parviendra jamais au sort de l'Angeli.
    Faut-il donc désormais jouer un nouveau rôle ?
Dois-je, las d'Apollon, recourir à Barthole :
Et, feuilletant Louet allongé par Brodeau,
D'une robe à longs plis balayer le barreau ?
Mais à ce seul penser je sens que je m'égare.
Moi, que j'aille crier dans ce pays barbare,
Où l'on voit tous les jours l'innocence aux abois
Errer dans les détours d'un dédale de lois,
Et, dans l'amas confus de chicanes énormes,
Ce qui fut blanc au fond rendu noir par les formes ;
Où Patru gagne moins qu'Huot et Le Mazier,
Et dont les Cicérons se font chez Pé-Fournier !
Avant qu'un tel dessein m'entre dans la pensée,

On pourra voir la Seine à la Saint-Jean glacée,
Arnauld, à Charenton, devenir huguenot,
Saint-Sorlin janséniste, et Saint-Pavin bigot.
Quittons donc pour jamais une ville importune
Où l'honneur a toujours guerre avec la fortune ;
Où le vice orgueilleux s'érige en souverain,
Et va la mitre en tête et la crosse à la main ;
Où la science, triste, affreuse, délaissée,
Est partout des bons lieux comme infâme chassée ;
Où le seul art en vogue est l'art de bien voler ;
Où tout me choque ; enfin, où..... Je n'ose parler.
Et quel homme si froid ne serait plein de bile
A l'aspect odieux des mœurs de cette ville ?
Qui pourrait les souffrir ? et qui, pour les blâmer,
Malgré muse et Phébus n'apprendrait à rimer ?
Non, non ; sur ce sujet pour écrire avec grâce,
Il ne faut point monter au sommet du Parnasse ;
Et, sans aller rêver dans le double vallon,
La colère suffit, et vaut un Apollon.
   « Tout beau, dira quelqu'un, vous entrez en furie !
A quoi bon ces grands mots ? Doucement, je vous prie :
Ou bien montez en chaire, et là, comme un docteur,
Allez de vos sermons endormir l'auditeur :
C'est là que bien ou mal on a droit de tout dire.
   « Ainsi parle un esprit qu'irrite la satire,
Qui contre ses défauts croit être en sûreté,
En raillant d'un censeur la triste austérité ;
Qui fait l'homme intrépide, et, tremblant de faiblesse,
Attend pour croire en Dieu que la fièvre le presse ;
Et, toujours dans l'orage au ciel levant les mains,
Dès que l'air est calmé, rit des faibles humains.
Car de penser alors qu'un Dieu tourne le monde,
Et, règle les ressorts de la machine ronde,
Ou qu'il est une vie au delà du trépas,
C'est-là, tout haut du moins, ce qu'il n'avouera pas.
   « Pour moi qu'en santé même un autre monde étonne,

1*

Qui crois l'âme immortelle, et que c'est Dieu qui tonne,
Il vaut mieux pour jamais me bannir de ce lieu.
Je me retire donc. Adieu, Paris, adieu. »

DEUXIÈME SATIRE.

A MOLIÈRE.

LA RIME ET LA RAISON.
(1664 — 28)

Rare et fameux esprit, dont la fertile veine
Ignore en écrivant le travail et la peine ;
Pour qui tient Apollon tous ses trésors ouverts,
Et qui sais à quel coin se marquent les bons vers ;
Dans les combats d'esprit savant maître d'escrime,
Enseigne-moi, Molière, où tu trouves la rime.
On dirait, quand tu veux, qu'elle te vient chercher :
Jamais au bout du vers on ne te voit broncher ;
Et, sans qu'un long détour t'arrête ou t'embarrasse,
A peine as-tu parlé, qu'elle-même s'y place.
Mais moi, qu'un vain caprice, une bizarre humeur,
Pour mes péchés, je crois, fit devenir rimeur,
Dans ce rude métier où mon esprit se tue,
En vain, pour la trouver, je travaille et je sue.
Souvent j'ai beau rêver du matin jusqu'au soir,
Quand je veux dire *blanc*, la quinteuse dit *noir*.
Si je veux d'un galant dépeindre la figure,
Ma plume pour rimer trouve l'abbé de Pure ;
Si je pense exprimer un auteur sans défaut,
La raison dit Virgile, et la rime Quinault.
Enfin, quoi que je fasse ou que je veuille faire,
La bizarre toujours vient m'offrir le contraire.
De rage quelquefois, ne pouvant la trouver,

Triste, las et confus, je cesse d'y rêver,
Et, maudissant vingt fois le démon qui m'inspire,
Je fais mille serments de ne jamais écrire.
Mais, quand j'ai bien maudit et muses et Phébus,
Je la vois qui paraît quand je n'y pense plus.
Aussitôt, malgré moi, tout mon feu se rallume ;
Je reprends sur-le-champ le papier et la plume,
Et, de mes vains serments perdant le souvenir,
J'attends de vers en vers qu'elle daigne venir.
Encor si pour rimer, dans sa verve indiscrète,
Ma muse au moins souffrait une froide épithète,
Je ferais comme un autre, et, sans chercher si loin,
J'aurais toujours des mots pour les coudre au besoin :
Si je louais Philis, *en miracles féconde,*
Je trouverais bientôt, *à nulle autre seconde ;*
Si je voulais vanter un objet *nonpareil,*
Je mettrais à l'instant, *plus beau que le soleil.*
Enfin, parlant toujours d'*astres* et de *merveilles,*
De *chefs-d'œuvre des cieux,* de *beautés sans pareilles,*
Avec tous ces beaux mots souvent mis au hasard,
Je pourrais aisément, sans génie et sans art,
Et, transposant cent fois et le nom et le verbe,
Dans mes vers recousus mettre en pièces Malherbe.
Mais mon esprit, tremblant sur le choix de ses mots,
N'en dira jamais un, s'il ne tombe à propos,
Et ne saurait souffrir qu'une phrase insipide
Vienne à la fin d'un vers remplir la place vide :
Ainsi, recommençant un ouvrage vingt fois,
Si j'écris quatre mots, j'en effacerai trois.

Maudit soit le premier dont la verve insensée
Dans les bornes d'un vers renferma sa pensée,
Et, donnant à ses mots une étroite prison,
Voulut avec la rime enchaîner la raison!
Sans ce métier, fatal au repos de ma vie,
Mes jours, pleins de loisir, couleraient sans envie,
Je n'aurais qu'à chanter, rire, boire d'autant,

Et, comme un gras chanoine, à mon aise et content,
Passer tranquillement, sans souci, sans affaire,
La nuit à bien dormir, et le jour à rien faire.
Mon cœur exempt de soins, libre de passion,
Sait donner une borne à son ambition,
Et, fuyant des grandeurs la présence importune,
Je ne vais point au Louvre adorer la fortune;
Et je serais heureux si, pour me consumer,
Un destin envieux ne m'avait fait rimer.

Mais depuis le moment que cette frénésie
De ses noires vapeurs troubla ma fantaisie,
Et qu'un démon jaloux de mon contentement
M'inspira le dessein d'écrire poliment,
Tous les jours, malgré moi, cloué sur un ouvrage,
Retouchant un endroit, effaçant une page,
Enfin passant ma vie en ce triste métier,
J'envie en écrivant le sort de Pelletier.

Bienheureux Scudéri, dont la fertile plume
Peut tous les mois sans peine enfanter un volume!
Tes écrits, il est vrai, sans art et languissants
Semblent être formés en dépit du bon sens;
Mais ils trouvent pourtant, quoi qu'on en puisse dire,
Un marchand pour les vendre, et des sots pour les lire;
Et, quand la rime enfin se trouve au bout des vers,
Qu'importe que le reste y soit mis de travers?
Malheureux mille fois celui dont la manie
Veut aux règles de l'art asservir son génie!
Un sot, en écrivant, fait tout avec plaisir:
Il n'a point en ses vers l'embarras de choisir;
Et, toujours amoureux de ce qu'il vient d'écrire,
Ravi d'étonnement, en soi-même il s'admire.
Mais un esprit sublime en vain veut s'élever
A ce degré parfait qu'il tâche de trouver;
Et, toujours mécontent de ce qu'il vient de faire,
Il plaît à tout le monde, et ne saurait se plaire;
Et tel, dont en tous lieux chacun vante l'esprit,

Voudrait, pour son repos, n'avoir jamais écrit.

Toi donc, qui vois les maux où ma muse s'abîme,
De grâce, enseigne-moi l'art de trouver la rime :
Ou, puisqu'enfin tes soins y seraient superflus,
Molière, enseigne-moi l'art de ne rimer plus.

TROISIÈME SATIRE.

LE REPAS RIDICULE.

(1665 — 29)

— Quel sujet inconnu vous trouble et vous altère ?
D'où vous vient aujourd'hui cet air sombre et sévère ,
Et ce visage enfin plus pâle qu'un rentier
A l'aspect d'un arrêt qui retranche un quartier ?
Qu'est devenu ce teint, dont la couleur fleurie
Semblait d'ortolans seuls et de bisques nourrie ;
Où la joie en son lustre attirait les regards ,
Et le vin en rubis brillait de toutes parts ?
Qui vous a pu plonger dans cette humeur chagrine ?
A-t-on, par quelqu'édit, réformé la cuisine ?
Ou quelque longue pluie, inondant vos vallons,
A-t-elle fait couler vos vins et vos melons ?
Répondez donc enfin, ou bien je me retire.

— Ah ! de grâce, un moment ! souffrez que je respire.
Je sors de chez un fat, qui, pour m'empoisonner,
Je pense, exprès chez lui m'a forcé de dîner.
Je l'avais bien prévu. Depuis près d'une année ,
J'éludais tous les jours sa poursuite obstinée.
Mais hier il m'aborde, et, me serrant la main,
Ah ! monsieur, m'a-t-il dit, je vous attends demain :
N'y manquez pas au moins. J'ai quatorze bouteilles
D'un vin vieux.... Boucingo n'en a point de pareilles ;

Et je gagerais bien que, chez le commandeur,
Villandri priserait sa séve et sa verdeur.
Molière avec Tartufe y doit jouer son rôle,
Et Lambert, qui plus est, m'a donné sa parole.
C'est tout dire, en un mot, et vous le connaissez. —
Quoi! Lambert? — Oui, Lambert : à demain. — C'est assez.
    Ce matin donc, séduit par sa vaine promesse,
J'y cours, midi sonnant, au sortir de la messe.
A peine étais-je entré que, ravi de me voir,
Mon homme, en m'embrassant, m'est venu recevoir;
Et, montrant à mes yeux une allégresse entière,
« Nous n'avons, m'a-t-il dit, ni Lambert ni Molière ;
Mais, puisque je vous vois, je me tiens trop content;
Vous êtes un brave homme : entrez, on vous attend. »
A ces mots, mais trop tard, reconnaissant ma faute,
Je le suis, en tremblant, dans une chambre haute,
Où, malgré les volets, le soleil irrité
Formait un poêle ardent au milieu de l'été.
Le couvert était mis dans ce lieu de plaisance,
Où j'ai trouvé d'abord, pour toute connaissance,
Deux nobles campagnards, grands lecteurs de romans,
Qui m'ont dit tout Cyrus dans leurs longs compliments.
J'enrageais. Cependant on apporte un potage :
Un coq y paraissait en pompeux équipage,
Qui, changeant sur ce plat et d'état et de nom,
Par tous les conviés s'est appelé chapon.
Deux assiettes suivaient, dont l'une était ornée
D'une langue en ragoût de persil couronnée;
L'autre d'un godiveau tout brûlé par dehors,
Dont un beurre gluant inondait tous les bords.
On s'assied : mais d'abord notre troupe serrée
Tenait à peine autour d'une table carrée,
Où chacun, malgré soi, l'un sur l'autre porté,
Faisait un tour à gauche, et mangeait de côté.
Jugez en cet état si je pouvais me plaire,
Moi qui ne compte rien, ni le vin ni la chère,

Si l'on n'est plus au large assis en un festin,
Qu'aux sermons de Cassagne ou de l'abbé Cotin.
  Notre hôte cependant, s'adressant à la troupe :
Que vous semble, a-t-il dit, du goût de cette soupe ?
Sentez-vous le citron dont on a mis le jus,
Avec des jaunes d'œufs mêlés dans du verjus ?
Ma foi, vive Mignot, et tout ce qu'il apprête !...
Les cheveux cependant me dressaient à la tête :
Car Mignot, c'est tout dire, et dans le monde entier
Jamais empoisonneur ne sut mieux son métier.
J'approuvais tout pourtant de la mine et du geste,
Pensant qu'au moins le vin dût réparer le reste.
Pour m'en éclaircir donc, j'en demande : et d'abord
Un laquais effronté m'apporte un rouge bord
D'un auvernat fameux qui, mêlé de lignage,
Se vendait chez Crenet pour vin de l'Hermitage ;
Et qui, rouge et vermeil, mais fade et doucereux,
N'avait rien qu'un goût plat, et qu'un déboire affreux,
A peine ai-je senti cette liqueur traîtresse,
Que de ces vins mêlés j'ai reconnu l'adresse.
Toutefois avec l'eau que j'y mets à foison
J'espérais adoucir la force du poison.
Mais qui l'aurait pensé ? Pour comble de disgrâce,
Par le chaud qu'il faisait, nous n'avions point de glace.
Point de glace, bon dieu ! dans le fort de l'été !
Au mois de juin ! Pour moi, j'étais si transporté,
Que, donnant de fureur tout le festin au diable,
Je me suis vu vingt fois prêt à quitter la table ;
Et, dût-on m'appeler et fantasque et bourru,
J'allais sortir enfin, quand le rôt a paru.
  Sur un lièvre, flanqué de six poulets étiques,
S'élevaient trois lapins, animaux domestiques,
Qui, dès leur tendre enfance, élevés dans Paris,
Sentaient encor le chou dont ils furent nourris.
Autour de cet amas de viandes entassées
Régnait un long cordon d'alouettes pressées ;

Et, sur les bords du plat, six pigeons étalés
Présentaient, pour renfort, leurs squelettes brûlés.
A côté de ce plat paraissaient deux salades,
L'une de pourpier jaune, et l'autre d'herbes fades,
Dont l'huile de fort loin saisissait l'odorat,
Et nageait dans des flots de vinaigre rosat.
Tous mes sots, à l'instant, changeant de contenance,
Ont loué du festin la superbe ordonnance ;
Tandis que mon faquin, qui se voyait priser,
Avec un ris moqueur les priait d'excuser.
Surtout certain hâbleur, à la gueule affamée,
Qui vint à ce festin, conduit par la fumée,
Et qui s'est dit profès dans l'ordre des coteaux,
A fait, en bien mangeant, l'éloge des morceaux.
Je riais de le voir avec sa mine étique,
Son rabat jadis blanc et sa perruque antique,
En lapins de garenne ériger nos clapiers,
Et nos pigeons cauchois en superbes ramiers ;
Et, pour flatter notre hôte, observant son visage,
Composer sur ses yeux son geste et son langage ;
Quand notre hôte charmé, m'avisant sur ce point,
Qu'avez-vous donc, dit-il, que vous ne mangez point ?
Je vous trouve aujourd'hui l'âme toute inquiète,
Et les morceaux entiers restent sur votre assiette.
Aimez-vous la muscade ? On en a mis partout.
Ah ! monsieur, ces poulets sont d'un merveilleux goût !
Ces pigeons sont dodus ; mangez sur ma parole.
J'aime à voir aux lapins cette chair blanche et molle.
Ma foi, tout est passable, il le faut confesser,
Et Mignot aujourd'hui s'est voulu surpasser.
Quand on parle de sauce, il faut qu'on y raffine.
Pour moi, j'aime surtout que le poivre y domine ;
J'en suis fourni, Dieu sait ! et j'ai tout Pelletier
Roulé dans mon office en cornets de papier.
A tous ces beaux discours j'étais comme une pierre,
Ou comme la statue est au Festin de Pierre ;

Et, sans dire un seul mot, j'avalais au hasard
Quelqu'aile de poulet dont j'arrachais le lard.
    Cependant mon hâbleur, avec une voix haute,
Porte à mes campagnards la santé de notre hôte,
Qui tous deux pleins de joie, en jetant un grand cri,
Avec un rouge bord acceptent son défi.
Un si galant exploit réveillant tout le monde,
On a porté partout des verres à la ronde,
Où les doigts des laquais, dans la crasse tracés,
Témoignaient par écrit qu'on les avait rincés ;
Quand un des conviés, d'un ton mélancolique,
Lamentant tristement une chanson bacchique,
Tous mes sots à la fois, ravis de l'écouter,
Détonnant de concert, se mettent à chanter.
La musique sans doute était rare et charmante !
L'un traîne en longs fredons une voix glapissante,
Et l'autre, l'appuyant de son aigre fausset,
Semble un violon faux qui jure sous l'archet.
    Sur ce point, un jambon d'assez maigre apparence
Arrive sous le nom de jambon de Mayence.
Un valet le portait, marchant à pas comptés,
Comme un recteur suivi des quatre facultés.
Deux marmitons crasseux, revêtus de serviettes,
Lui servaient de massiers, et portaient deux assiettes,
L'une de champignons, avec des ris de veau,
Et l'autre de pois verts qui se noyaient dans l'eau.
Un spectacle si beau surprenant l'assemblée,
Chez tous les conviés la joie est redoublée ;
Et la troupe à l'instant, cessant de fredonner,
D'un ton gravement fou s'est mise à raisonner.
Le vin au plus muet fournissant des paroles,
Chacun a débité ses maximes frivoles,
Réglé les intérêts de chaque potentat,
Corrigé la police, et réformé l'État ;
Puis, de là s'embarquant dans la nouvelle guerre,
A vaincu la Hollande ou battu l'Angleterre.

Enfin , laissant en paix tous ces peuples divers,
De propos en propos on a parlé de vers.
Là, tous mes sots, enflés d'une nouvelle audace ,
Ont jugé des auteurs en maîtres du Parnasse.
Mais notre hôte surtout , pour la justesse et l'art,
Élevait jusqu'au ciel Théophile et Ronsard ,
Quand un des campagnards, relevant sa moustache ,
Et son feutre à grands poils ombragé d'un panache ,
Impose à tous silence , et, d'un ton de docteur :
Morbleu ! dit-il, La Serre est un charmant auteur !
Ses vers sont d'un beau style , et sa prose est coulante.
La Pucelle est encore une œuvre bien galante,
Et je ne sais pourquoi je bâille en la lisant.
Le Pays , sans mentir , est un bouffon plaisant;
Mais je ne trouve rien de beau dans ce Voiture.
Ma foi, le jugement sert bien dans la lecture !
À mon gré, le Corneille est joli quelquefois.
En vérité, pour moi , j'aime le beau français;
Je ne sais pas pourquoi l'on vante l'Alexandre ;
Ce n'est qu'un glorieux qui ne dit rien de tendre.
Les héros chez Quinault parlent bien autrement,
Et, jusqu'à *je vous hais* , tout s'y dit tendrement.
On dit qu'on l'a drapé dans certaine satire ;
Qu'un jeune homme...—Ah ! je sais ce que vous voulez dire,
A répondu notre hôte : *Un auteur sans défaut,*
La raison dit Virgile, et la rime Quinault. —
Justement. À mon gré , la pièce est assez plate ;
Et puis, blâmer Quinault... Avez-vous vu l'Astrate ?
C'est là ce qu'on appelle un ouvrage achevé ;
Surtout l'*Anneau royal* me semble bien trouvé.
Son sujet est conduit d'une belle manière,
Et chaque acte, en sa pièce, est une pièce entière.
Je ne puis plus souffrir ce que les autres font.
    Il est vrai que Quinault est un esprit profond,
A repris certain fat, qu'à sa mine discrète
Et son maintien jaloux j'ai reconnu poète;

Mais il en est pourtant qui le pourraient valoir. —
Ma foi, ce n'est pas vous qui nous le ferez voir,
A dit mon campagnard avec une voix claire,
Et déjà tout bouillant de vin et de colère. —
Peut-être, a dit l'auteur pâlissant de courroux ;
Mais vous, pour en parler, vous y connaissez-vous ? —
Mieux que vous mille fois, dit le noble en furie. —
Vous ? mon Dieu ! mêlez-vous de boire, je vous prie,
A l'auteur sur-le-champ aigrement reparti. —
Je suis donc un sot, moi? Vous en avez menti,
Reprend le campagnard ; et, sans plus de langage,
Lui jette pour défi son assiette au visage.
L'autre esquive le coup, et l'assiette volant
S'en va frapper le mur, et revient en roulant.
A cet affront, l'auteur, se levant de la table,
Lance à mon campagnard un regard effroyable ;
Et, chacun vainement se ruant entre deux,
Nos braves s'accrochant se prennent aux cheveux.
Aussitôt sous leurs pieds les tables renversées
Font voir un long débris de bouteilles cassées.
En vain à lever tout les valets sont fort prompts,
Et les ruisseaux de vin coulent aux environs.
   Enfin, pour arrêter cette lutte barbare,
De nouveau l'on s'efforce, on crie, on les sépare ;
Et, leur première ardeur passant en un moment,
On a parlé de paix et d'accommodement.
Mais, tandis qu'à l'envi tout le monde y conspire,
J'ai gagné doucement la porte sans rien dire,
Avec un bon serment que, si pour l'avenir
En pareille cohue on peut me retenir,
Je consens de bon cœur, pour punir ma folie,
Que tous les vins pour moi deviennent vins de Brie ;
Qu'à Paris le gibier manque tous les hivers,
Et qu'à peine au mois d'août l'on mange des pois verts.

QUATRIÈME SATIRE.

A L'ABBÉ LE VAYER.

LES FOLIES HUMAINES.

(1664 — 28)

D'où vient, cher Le Vayer, que l'homme le moins sage
Croit toujours seul avoir la sagesse en partage,
Et qu'il n'est point de fou qui, par belles raisons,
Ne loge son voisin aux Petites-Maisons ?
Un pédant, enivré de sa vaine science,
Tout hérissé de grec, tout bouffi d'arrogance,
Et qui de mille auteurs retenus mot pour mot,
Dans sa tête entassés, n'a souvent fait qu'un sot,
Croit qu'un livre fait tout, et que, sans Aristote,
La raison ne voit goutte et le bon sens radote.
D'autre part, un galant, de qui tout le métier
Est de courir le jour de quartier en quartier,
Et d'aller, à l'abri d'une perruque blonde,
De ses froides douceurs fatiguer tout le monde,
Condamne la science, et, blâmant tout écrit,
Croit qu'en lui l'ignorance est un titre d'esprit,
Que c'est des gens de cour le plus beau privilége ;
Et renvoie un savant dans le fond d'un collége.
Un bigot orgueilleux, qui, dans sa vanité,
Croit duper jusqu'à Dieu par son zèle affecté,
Couvrant tous ses défauts d'une sainte apparence,
Damne tous les humains de sa pleine puissance.
Un libertin d'ailleurs, qui, sans âme et sans foi,
Se fait de son plaisir une suprême loi,
Tient que ces vieux propos de démons et de flammes

Sont bons pour étonner des enfants et des femmes ;
Que c'est s'embarrasser de soucis superflus,
Et qu'enfin tout dévot a le cerveau perclus.
N'en déplaise à ces fous nommés sages de Grèce,
En ce monde il n'est point de parfaite sagesse :
Tous les hommes sont fous, et, malgré tous leurs soins,
Ne diffèrent entr'eux que du plus ou du moins.
    Comme on voit qu'en un bois que cent routes séparent,
Les voyageurs sans guide assez souvent s'égarent,
L'un à droit, l'autre à gauche, et, courant vainement,
La même erreur les fait errer diversement,
Chacun suit dans le monde une route incertaine,
Selon que son erreur le joue et le promène ;
Et tel y fait l'habile, et nous traite de fous,
Qui, sous le nom de sage, est le plus fou de tous.
Mais, quoi que sur ce point la satire publie,
Chacun veut en sagesse ériger sa folie,
Et, se laissant régler à son esprit tortu,
De ses propres défauts se fait une vertu.
Ainsi, cela soit dit pour qui veut se connaître,
Le plus sage est celui qui ne pense point l'être,
Qui, toujours pour un autre enclin vers la douceur,
Se regarde soi-même en sévère censeur,
Rend à tous ses défauts une exacte justice,
Et fait, sans se flatter, le procès à son vice.
Mais chacun pour soi-même est toujours indulgent.
    Un avare, idolâtre et fou de son argent,
Rencontrant la disette au sein de l'abondance,
Appelle sa folie une rare prudence,
Et met toute sa gloire et son souverain bien
A grossir un trésor qui ne lui sert de rien.
Plus il le voit accru, moins il en fait usage.
    Sans mentir, l'avarice est une étrange rage,
Dira cet autre fou, non moins privé de sens,
Qui jette, furieux, son bien à tous venants,
Et dont l'âme inquiète, à soi-même importune,

Se fait un embarras de sa bonne fortune.
Qui des deux en effet est le plus aveuglé ?
     L'un et l'autre, à mon sens, ont le cerveau troublé,
Répondra chez Frédoc ce marquis sage et prude,
Et qui sans cesse au jeu, dont il fait son étude,
Attendant son destin d'un quatorze ou d'un sept,
Voit sa vie ou sa mort sortir de son cornet.
Que si d'un sort fâcheux la maligne inconstance
Vient par un coup fatal faire tourner la chance,
Vous le verrez bientôt, les cheveux hérissés,
Et les yeux vers le ciel de fureur élancés,
Ainsi qu'un possédé que le prêtre exorcise,
Fêter dans ses serments tous les saints de l'Église.
Qu'on le lie ; ou je crains, à son air furieux,
Que ce nouveau Titan n'escalade les cieux.
     Mais laissons-le plutôt en proie à son caprice.
Sa folie, aussi bien, lui tient lieu de supplice.
Il est d'autres erreurs dont l'aimable poison
D'un charme bien plus doux enivre la raison :
L'esprit dans ce nectar heureusement s'oublie.
     Chapelain veut rimer, et c'est là sa folie.
Mais bien que ses durs vers, d'épithètes enflés,
Soient des moindres grimauds chez Ménage sifflés,
Lui-même il s'applaudit, et, d'un esprit tranquille,
Prend le pas au Parnasse au-dessus de Virgile,
Que ferait-il, hélas ! si quelqu'audacieux
Allait, pour son malheur, lui dessiller les yeux,
Lui faisant voir ses vers et sans force et sans grâces
Montés sur deux grands mots, comme sur deux échasses,
Ses termes sans raison l'un de l'autre écartés,
Et ses froids ornements à la ligne plantés ?
Qu'il maudirait le jour où son âme insensée
Perdit l'heureuse erreur qui charmait sa pensée !
     Jadis certain bigot, d'ailleurs homme sensé,
D'un mal assez bizarre eut le cerveau blessé,
S'imaginant sans cesse, en sa douce manie,

Des esprits bienheureux entendre l'harmonie.
Enfin un médecin fort expert en son art
Le guérit par adresse, ou plutôt par hasard;
Mais, voulant de ses soins exiger le salaire,
Moi ! vous payer ? lui dit le bigot en colère,
Vous dont l'art infernal, par des secrets maudits,
En me tirant d'erreur m'ôte du paradis ?
    J'approuve son courroux ; car, puisqu'il faut le dire,
Souvent de tous nos maux la raison est le pire.
C'est elle qui, farouche au milieu des plaisirs,
D'un remords importun vient brider nos désirs.
La fâcheuse a pour nous des rigueurs sans pareilles;
C'est un pédant qu'on a sans cesse à ses oreilles,
Qui toujours nous gourmande, et, loin de nous toucher,
Souvent, comme Joly, perd son temps à prêcher.
En vain certains rêveurs nous l'habillent en reine,
Veulent sur tous nos sens la rendre souveraine,
Et, s'en formant en terre une divinité,
Pensent aller par elle à la félicité :
C'est elle, disent-ils, qui nous montre à bien vivre.
Ces discours, il est vrai, sont fort beaux dans un livre,
Je les estime fort : mais je trouve en effet
Que le plus fou souvent est le plus satisfait.

CINQUIÈME SATIRE.

AU MARQUIS DE DANGEAU.

LA NOBLESSE.

(1663 — 29)

La noblesse, Dangeau, n'est pas une chimère,
Quand, sous l'étroite loi d'une vertu sévère,

Un homme issu d'un sang fécond en demi-dieux
Suit, comme toi, la trace où marchaient ses aïeux.
    Mais je ne puis souffrir qu'un fat dont la mollesse
N'a rien pour s'appuyer, qu'une vaine noblesse,
Se pare insolemment du mérite d'autrui,
Et me vante un honneur qui ne vient pas de lui.
Je veux que la valeur de ses aïeux antiques
Ait fourni de matière aux plus vieilles chroniques,
Et que l'un des Capets, pour honorer leur nom,
Ait de trois fleurs de lis doté leur écusson.
Que sert ce vain amas d'une inutile gloire,
Si, de tant de héros célèbres dans l'histoire,
Il ne peut rien offrir aux yeux de l'univers
Que de vieux parchemins qu'ont épargnés les vers;
Si, tout sorti qu'il est d'une source divine,
Son cœur dément en lui sa superbe origine,
Et, n'ayant rien de grand qu'une sotte fierté,
S'endort dans une lâche et molle oisiveté?
Cependant, à le voir avec tant d'arrogance
Vanter le faux éclat de sa haute naissance,
On dirait que le ciel est soumis à sa loi,
Et que Dieu l'a pétri d'autre limon que moi.
Enivré de lui-même, il croit, dans sa folie,
Qu'il faut que devant lui d'abord tout s'humilie.
Aujourd'hui toutefois, sans trop le ménager,
Sur ce ton un peu haut je vais l'interroger.
    Dites-moi, grand héros, esprit rare et sublime,
Entre tant d'animaux, qui sont ceux qu'on estime?
On fait cas d'un coursier qui, fier et plein de cœur,
Fait paraître en courant sa bouillante vigueur,
Qui jamais ne se lasse, et qui dans la carrière
S'est couvert mille fois d'une noble poussière :
Mais la postérité d'Alfane et de Bayard,
Quand ce n'est qu'une rosse, est vendue au hasard,
Sans respect des aïeux dont elle est descendue,
Et va porter la malle, ou tirer la charrue.

Pourquoi donc voulez-vous que, par un sot abus,
Chacun respecte en vous un honneur qui n'est plus ?
On ne m'éblouit point d'une apparence vaine :
La vertu d'un cœur noble est la marque certaine.
Si vous êtes sorti de ces héros fameux,
Montrez-nous cette ardeur qu'on vit briller en eux,
Ce zèle pour l'honneur, cette horreur pour le vice.
Respectez-vous les lois ? fuyez-vous l'injustice ?
Savez-vous pour la gloire oublier le repos,
Et dormir en plein champ, le harnais sur le dos ?
Je vous connais pour noble à ces illustres marques.
Alors soyez issu des plus fameux monarques,
Venez de mille aïeux ; et, si ce n'est assez,
Feuilletez à loisir tous les siècles passés ;
Voyez de quel guerrier il vous plaît de descendre ;
Choisissez de César, d'Achille, ou d'Alexandre.
En vain un faux censeur voudrait vous démentir,
Et si vous n'en sortez, vous en devez sortir.
Mais, fussiez-vous issu d'Hercule en droite ligne,
Si vous ne faites voir qu'une bassesse indigne,
Ce long amas d'aïeux que vous diffamez tous
Sont autant de témoins qui parlent contre vous ;
Et tout ce grand éclat de leur gloire ternie
Ne sert plus que de jour à votre ignominie.
En vain, tout fier d'un sang que vous déshonorez,
Vous dormez à l'abri de ces noms révérés :
En vain vous vous couvrez des vertus de vos pères :
Ce ne sont à mes yeux que de vaines chimères.
Je ne vois rien en vous qu'un lâche, un imposteur,
Un traître, un scélérat, un perfide, un menteur,
Un fou, dont les accès vont jusqu'à la furie,
Et d'un tronc fort illustre une branche pourrie.
    Que maudit soit le jour où cette vanité
Vient ici de nos mœurs souiller la pureté !
Dans les temps bienheureux du monde en son enfance,
Chacun mettait sa gloire en sa seule innocence ;

2

Chacun vivait content, et, sous d'égales lois,
Le mérite y faisait la noblesse et les rois,
Et, sans chercher l'appui d'une naissance illustre,
Un héros de soi-même empruntait tout son lustre.
Mais enfin par le temps le mérite avili
Vit l'honneur en roture et le vice ennobli,
Et l'orgueil, d'un faux titre appuyant sa faiblesse,
Maîtrisa les humains sous le nom de noblesse.
De là vinrent en foule et marquis et barons;
Chacun pour ses vertus n'offrit plus que des noms,
Aussitôt maint esprit, fécond en rêveries,
Inventa le blason avec les armoiries;
De ses termes obscurs fit un langage à part,
Composa tous ces mots de *Cimier* et d'*Écart*,
De *Pal*, de *Contrepal*, de *Lambel* et de *Fasce*,
Et tout ce que Segoing dans son Mercure entasse.
Une vaine folie enivrant la raison,
L'honneur triste et honteux ne fut plus de saison.
Alors pour soutenir son rang et sa naissance,
Il fallut étaler le luxe et la dépense;
Il fallut habiter un superbe palais,
Faire par les couleurs distinguer ses valets :
Et traînant en tous lieux de pompeux équipages,
Le duc et le marquis se reconnut aux pages.
    Bientôt, pour subsister, la noblesse sans bien
Trouva l'art d'emprunter et de ne rendre rien;
Et, bravant des sergents la timide cohorte,
Laissa le créancier se morfondre à sa porte.
Mais, pour comble, à la fin le marquis en prison
Sous le faix des procès vit tomber sa maison.
Alors le noble altier, pressé de l'indigence,
Humblement du faquin rechercha l'alliance;
Avec lui trafiquant d'un nom si précieux,
Par un lâche contrat vendit tous ses aïeux;
Et, corrigeant ainsi la fortune ennemie,
Rétablit son honneur à force d'infamie.

Car, si l'éclat de l'or ne relève le sang,
En vain l'on fait briller la splendeur de son rang ;
L'amour de vos aïeux passe en vous pour manie,
Et chacun pour parent vous fuit et vous renie.
Mais quand un homme est riche, il vaut toujours son prix :
Et, l'eût-on vu porter la mandille à Paris,
N'eût-il de son vrai nom ni titre ni mémoire,
D'Hozier lui trouvera cent aïeux dans l'histoire.

Toi donc, qui, de mérite et d'honneur revêtu,
Des écueils de la cour as sauvé ta vertu,
Dangeau, qui, dans le rang où notre Roi t'appelle,
Le vois toujours orné d'une gloire nouvelle,
Et plus brillant par soi que par l'éclat des lis,
Dédaigner tous ces rois dans la pourpre amollis ;
Fuir d'un honteux loisir la douceur importune ;
A ses sages conseils asservir la fortune ;
Et, de tout son honneur ne devant rien qu'à soi,
Montrer à l'univers ce que c'est qu'être roi :
Si tu veux te couvrir d'un éclat légitime,
Va par mille beaux faits mériter son estime :
Sers un si noble maître ; et fais voir qu'aujourd'hui
Ton prince a des sujets qui sont dignes de lui.

SIXIÈME SATIRE.

LES EMBARRAS DE PARIS.

(1660—24)

Qui frappe l'air, bon Dieu ! de ces lugubres cris ?
Est-ce donc pour veiller qu'on se couche à Paris ?
Et quel fâcheux démon, durant les nuits entières,
Rassemble ici les chats de toutes les gouttières ?
J'ai beau sauter du lit, plein de trouble et d'effroi,

Je pense qu'avec eux tout l'enfer est chez moi.
L'un miaule en grondant comme un tigre en furie ;
L'autre roule sa voix comme un enfant qui crie.
Ce n'est pas tout encor. Les souris et les rats
Semblent, pour m'éveiller, s'entendre avec les chats ;
Plus importuns pour moi, durant la nuit obscure,
Que jamais, en plein jour, ne fut l'abbé de Pure.

　　Tout conspire à la fois à troubler mon repos,
Et je me plains ici du moindre de mes maux ;
Car à peine les coqs, commençant leur ramage,
Auront de cris aigus frappé le voisinage,
Qu'un affreux serrurier, laborieux Vulcain,
Qu'éveillera bientôt l'ardente soif du gain,
Avec un fer maudit, qu'à grand bruit il apprête,
De cent coups de marteaux me va rompre la tête.
J'entends déjà partout les charrettes courir,
Les maçons travailler, les boutiques s'ouvrir :
Tandis que dans les airs, mille cloches émues
D'un funèbre concert font retentir les nues ;
Et, se mêlant au bruit de la grêle et des vents,
Pour honorer les morts font mourir les vivants.

　　Encor je bénirais la bonté souveraine,
Si le ciel à ces maux avait borné ma peine ;
Mais si seul en mon lit je peste avec raison,
C'est encore pis vingt fois en quittant la maison.
En quelqu'endroit que j'aille, il faut fendre la presse
D'un peuple d'importuns qui fourmillent sans cesse.
L'un me heurte d'un ais, dont je suis tout froissé ;
Je vois d'un autre coup mon chapeau renversé.
Là, d'un enterrement la funèbre ordonnance
D'un pas lugubre et lent vers l'église s'avance ;
Et plus loin des laquais l'un l'autre s'agaçants,
Font aboyer les chiens et jurer les passants
Des paveurs en ce lieu me bouchent le passage.
Là, je trouve une croix de funeste présage ;
Et des couvreurs, grimpés au toit d'une maison,

En font pleuvoir l'ardoise et la tuile à foison.
Là, sur une charrette une poutre branlante
Vient menaçant de loin la foule qu'elle augmente :
Six chevaux attelés à ce fardeau pesant
Ont peine à l'émouvoir sur le pavé glissant;
D'un carrosse en tournant il accroche une roue ,
Et du choc le renverse dans un grand tas de boue :
Quand un autre à l'instant s'efforçant de passer
Dans le même embarras se vient embarrasser.
Vingt carrosses bientôt arrivant à la file
Y sont en moins de rien suivis de plus de mille ;
Et, pour surcroît de maux, un sort malencontreux
Conduit en cet endroit un grand troupeau de bœufs ;
Chacun prétend passer : l'un mugit, l'autre jure.
Des mulets en sonnant augmentent le murmure
Aussitôt cent chevaux dans la foule appelés
De l'embarras qui croît ferment les défilés,
Et partout des passants enchaînant les brigades
Au milieu de la paix font voir les barricades.
On n'entend que des cris poussés confusément,
Dieu pour s'y faire ouïr tonnerait vainement.
Moi donc, qui dois souvent en certain lieu me rendre,
Le jour déjà baissant, et qui suis las d'attendre,
Ne sachant plus tantôt à quel saint me vouer,
Je me mets au hasard de me faire rouer.
Je saute vingt ruisseaux, j'esquive, je me pousse
Guénaud sur son cheval en passant m'éclabousse :
Et, n'osant plus paraître en l'état où je suis,
Sans songer où je vais, je me sauve où je puis.
  Tandis que dans un coin en grondant je m'essuie,
Souvent pour m'achever il survient une pluie.
On dirait que le ciel, qui se fond tout en eau,
Veuille inonder ces lieux d'un déluge nouveau.
Pour traverser la rue, au milieu de l'orage,
Un ais sur deux pavés forme un étroit passage ;
Le plus hardi laquais n'y marche qu'en tremblant.

Il faut pourtant passer sur ce pont chancelant;
Et les nombreux torrents qui tombent des gouttières.
Grossissant les ruisseaux, en ont fait des rivières.
J'y passe en trébuchant; mais, malgré l'embarras,
La frayeur de la nuit précipite mes pas.
    Car, sitôt que du soir les ombres pacifiques
D'un double cadenas font fermer les boutiques ;
Que, retiré chez lui, le paisible marchand
Va revoir ses billets et compter son argent ;
Que dans le Marché-Neuf tout est calme et tranquille,
Les voleurs à l'instant s'emparent de la ville.
Le bois le plus funeste et le moins fréquenté
Est, au prix de Paris, un lieu de sûreté.
Malheur donc à celui qu'une affaire imprévue
Engage un peu trop tard au détour d'une rue.
Bientôt quatre bandits lui serrant les côtés :
La bourse !... il faut se rendre; ou bien non, résistez,
Afin que votre mort, de tragique mémoire,
Des massacres fameux aille grossir l'histoire.
Pour moi, fermant ma porte, et cédant au sommeil,
Tous les jours je me couche avecque le soleil ;
Mais en ma chambre à peine ai-je éteint la lumière,
Qu'il ne m'est plus permis de fermer la paupière.
Des filoux effrontés, d'un coup de pistolet,
Ébranlent ma fenêtre, et percent mon volet.
J'entends crier partout: au meurtre ! on m'assassine !
Ou : le feu vient de prendre à la maison voisine.
Tremblant et demi-mort, je me lève à ce bruit,
Et souvent sans pourpoint je cours toute la nuit.
Car le feu, dont la flamme en ondes se déploie,
Fait de notre quartier une seconde Troie ,
Où maint Grec affamé, maint avide Argien,
Au travers des charbons va piller le Troyen.
Enfin sous mille crocs la maison abîmée
Entraîne aussi le feu qui se perd en fumée.
    Je me retire donc, encor pâle d'effroi:

Mais le jour est venu quand je rentre chez moi.
Je fais pour reposer un effort inutile ;
Ce n'est qu'à prix d'argent qu'on dort en cette ville.
Il faudrait, dans l'enclos d'un vaste logement
Avoir loin de la rue un autre appartement.

Paris est pour un riche un pays de cocagne :
Sans sortir de la ville, il trouve la campagne.
Il peut dans son jardin, tout peuplé d'arbres verts,
Recéler le printemps au milieu des hivers,
Et, foulant le parfum de ses plantes fleuries,
Aller entretenir ses douces rêveries.

Mais moi, grâce au destin, qui n'ai ni feu ni lieu,
Je me loge où je puis, et comme il plaît à Dieu.

SEPTIÈME SATIRE.

LE GENRE SATIRIQUE,

(1663 — 27)

Muse, changeons de style, et quittons la satire,
C'est un méchant métier que celui de médire ;
A l'auteur qui l'embrasse il est toujours fatal :
Le mal qu'on dit d'autrui ne produit que du mal.
Maint poète aveuglé d'une telle manie,
En courant à l'honneur, trouve l'ignominie ;
Et tel mot, pour avoir réjoui le lecteur,
A coûté bien souvent des larmes à l'auteur.

Un éloge ennuyeux, un froid panégyrique,
Peut pourrir à son aise au fond d'une boutique,
Ne craint point du public les jugements divers,
Et n'a pour ennemis que la poudre et les vers;
Mais un auteur malin, qui rit et qui fait rire,

Qu'on blâme en le lisant, et pourtant qu'on veut lire,
Dans ses plaisants accès qui se croit tout permis,
De ses propres rieurs se fait des ennemis.
Un discours trop sincère aisément nous outrage :
Chacun dans ce miroir pense voir son visage ;
Et tel, en vous lisant, admire chaque trait,
Qui dans le fond de l'âme et vous craint et vous hait.
    Muse, c'est donc en vain que la main nous démange !
S'il faut rimer ici, rimons quelque louange,
Et cherchons un héros, parmi cet univers,
Digne de notre encens et digne de nos vers.
Mais à ce grand effort en vain je vous anime :
Je ne puis pour louer rencontrer une rime ;
Dès que j'y veux rêver, ma veine est aux abois.
J'ai beau frotter mon front, j'ai beau mordre mes doigts,
Je ne puis arracher du creux de ma cervelle
Que des vers plus forcés que ceux de la Pucelle.
Je pense être à la gêne, et pour un tel dessein,
La plume et le papier résistent à ma main.
Mais, quand il faut railler, j'ai ce que je souhaite.
Alors, certes, alors je me connais poète :
Phébus, dès que je parle, est prêt à m'exaucer ;
Mes mots viennent sans peine, et courent se placer.
Faut-il peindre un fripon fameux dans cette ville,
Ma main, sans que j'y rêve, écrira Raumaville.
Faut-il d'un sot parfait montrer l'original,
Ma plume au bout du vers trouve d'abord Sofal.
Je sens que mon esprit travaille de génie.
Faut-il d'un froid rimeur dépeindre la manie,
Mes vers, comme un torrent, coulent sur le papier ;
Je rencontre à la fois Perrin et Pelletier,
Bonnecorse, Pradon, Colletet, Titreville,
Et, pour un que je veux, j'en trouve plus de mille.
Aussitôt je triomphe, et ma muse en secret
S'estime et s'applaudit du beau coup qu'elle a fait.
C'est en vain qu'au milieu de ma fureur extrême

Je me fais quelquefois des leçons à moi-même ;
En vain je veux au moins faire grâce à quelqu'un :
Ma plume aurait regret d'en épargner aucun ;
Et, sitôt qu'une fois ma verve me domine,
Tout ce qui s'offre à moi passe par l'étamine.
Le mérite pourtant m'est toujours précieux ;
Mais un fat me déplaît, et me blesse les yeux ;
Je le poursuis partout, comme un chien fait sa proie,
Et ne le sens jamais qu'aussitôt je n'aboie.
Enfin, sans perdre temps en de si vains propos,
Je sais coudre une rime au bout de quelques mots ;
Souvent j'habille en vers une maligne prose :
C'est par là que je vaux, si je vaux quelque chose.
Ainsi, soit que bientôt, par une dure loi,
La mort d'un vol affreux vienne fondre sur moi ;
Soit que le ciel me garde un cours long et tranquille,
A Rome ou dans Paris, aux champs ou dans la ville,
Dût ma muse par là choquer tout l'univers,
Riche, gueux, triste ou gai, je veux faire des vers.

Pauvre esprit, dira-t-on, que je plains ta folie !
Modère ces bouillons de ta mélancolie ;
Et garde qu'un de ceux que tu penses blâmer
N'éteigne dans ton sang cette ardeur de rimer.

Eh quoi ! lorsqu'autrefois Horace, après Lucile,
Exhalait en bons mots les vapeurs de sa bile,
Et, vengeant la vertu par des traits éclatants,
Allait ôter le masque aux vices de son temps ;
Ou bien quand Juvénal, de sa mordante plume
Faisant couler des flots de fiel et d'amertume,
Gourmandait en courroux tout le peuple latin,
L'un ou l'autre fit-il une tragique fin ?
Et que craindre, après tout, d'une fureur si vaine ?
Personne ne connaît ni mon nom ni ma veine.
On ne voit point mes vers, à l'envi de Montreuil,
Grossir impunément les feuillets d'un recueil.
A peine quelquefois je me force à les lire,

Pour plaire à quelqu'ami, que charme la satire,
Qui me flatte peut-être, et, d'un air imposteur,
Rit tout haut de l'ouvrage, et tout bas de l'auteur.
Enfin, c'est mon plaisir : je veux me satisfaire ;
Je ne puis bien parler, et ne saurais me taire ;
Et, dès qu'un mot plaisant vient luire à mon esprit,
Je n'ai point de repos qu'il ne soit en écrit ;
Je ne résiste point au torrent qui m'entraîne.

    Mais c'est assez parlé : prenons un peu d'haleine ;
Ma main, pour cette fois, commence à se lasser.
Finissons : mais demain, muse, à recommencer.

HUITIÈME SATIRE.

A M. MOREL,

DOCTEUR DE SORBONNE.

L'HOMME.

(1667—51)

    De tous les animaux qui s'élèvent dans l'air,
Qui marchent sur la terre, ou nagent dans la mer,
De Paris au Pérou, du Japon jusqu'à Rome,
Le plus sot animal, à mon avis, c'est l'homme.
    Quoi ! dira-t-on d'abord, un ver, une fourmi,
Un insecte rampant qui ne vit qu'à demi,
Un taureau qui rumine, une chèvre qui broute,
Ont l'esprit mieux tourné que n'a l'homme? Oui, sans doute.
Ce discours te surprend, docteur, je l'aperçoi.
L'homme de la nature est le chef et le roi :
Bois, prés, champs, animaux, tout est pour son usage,
Et lui seul a, dis-tu, la raison en partage.
    Il est vrai, de tout temps la raison fut son lot ;

Mais de là je conclus que l'homme est le plus sot.
   Ces propos, diras-tu, sont bons dans la satire,
Pour égayer d'abord un lecteur qui veut rire :
Mais il faut les prouver en forme. — J'y consens.
Réponds-moi donc, docteur, et mets-toi sur les bancs.
   Qu'est-ce que la sagesse ? Une égalité d'âme
Que rien ne peut troubler, qu'aucun désir n'enflamme ;
Qui marche en ses conseils à pas plus mesurés,
Qu'un doyen au palais ne monte les degrés.
Or cette égalité dont se forme le sage,
Qui jamais moins que l'homme en a connu l'usage ?
La fourmi, tous les ans traversant les guérets,
Grossit ses magasins des trésors de Cérès ;
Et dès que l'aquilon, ramenant la froidure,
Vient de ses noirs frimas attrister la nature,
Cet animal, tapi dans son obscurité,
Jouit l'hiver des biens conquis durant l'été.
Mais on ne la voit point d'une humeur inconstante ;
Paresseuse au printemps, en hiver diligente,
Affronter en plein champ les fureurs de janvier,
Ou demeurer oisive au retour du bélier.
Mais l'homme, sans arrêt dans sa course insensée,
Voltige incessamment de pensée en pensée :
Son cœur, toujours flottant entre mille embarras,
Ne sait ni ce qu'il veut ni ce qu'il ne veut pas ;
Ce qu'un jour il abhorre, en l'autre il le souhaite.
Moi ! j'irais épouser une femme coquette ?
J'irais, par ma constance, aux affronts endurci,
Me mettre au rang des saints qu'a célébrés Bussi !
Assez de sots sans moi feront parler la ville,
Disait le mois passé ce marquis indocile,
Qui, depuis quinze jours dans le piége arrêté,
Entre les bons maris pour exemple cité,
Croit que Dieu, tout exprès, d'une côte nouvelle
A tiré pour lui seul une femme fidèle.
   Voilà l'homme en effet : il va du blanc au noir ;

Il condamne au matin ses sentiments du soir.
Importun à tout autre, à soi-même incommode,
Il change à tous moments d'esprit comme de mode :
Il tourne au moindre vent, il tombe, au moindre choc,
Aujourd'hui dans un casque, et demain dans un froc.
  Cependant à le voir, plein de vapeurs légères,
Soi-même se bercer de ses propres chimères,
Lui seul de la nature est la base et l'appui,
Et le dixième ciel ne tourne que pour lui.
De tous les animaux, il est, dit-il, le maître, —
Qui pourrait le nier? poursuis-tu. — Moi, peut-être.
Mais, sans examiner si, vers les antres sourds,
L'ours a peur du passant, ou le passant de l'ours;
Et si, sur un édit des pâtres de Nubie,
Les lions de Barca videraient la Lybie :
Ce maître prétendu qui leur donne des lois,
Ce roi des animaux, combien a-t-il de rois!
L'ambition, l'amour, l'avarice, la haine,
Tiennent comme un forçat son esprit à la chaîne.
  Le sommeil sur ses yeux commence à s'épancher :
Debout, dit l'avarice, il est temps de marcher.—
Hé! laissez-moi.—Debout.—Un moment!—Tu répliques!
—A peine le soleil fait ouvrir les boutiques.—
N'importe, lève-toi. — Pourquoi faire, après tout? —
Pour courir l'Océan de l'un à l'autre bout,
Chercher jusqu'au Japon la porcelaine et l'ambre,
Rapporter de Goa le poivre et le gingembre. —
Mais j'ai des biens en foule, et je puis m'en passer.—
On n'en peut trop avoir; et, pour en amasser,
Il ne faut épargner ni crime ni parjure ;
Il faut souffrir la faim et coucher sur la dure ;
Eût-on plus de trésors que n'en perdit Galet,
N'avoir en sa maison ni meubles ni valet ;
Parmi des tas de blé vivre de seigle et d'orge;
De peur de perdre un liard, souffrir qu'on vous égorge.—
Et pourquoi cette épargne enfin? — L'ignores-tu?

Afin qu'un héritier, bien nourri, bien vêtu,
Profitant d'un trésor en tes mains inutile,
De son train quelque jour embarrasse la ville. —
Que faire ? —Il faut partir. Les matelots sont prêts.
　　Ou, si pour l'entraîner l'argent manque d'attraits,
Bientôt l'ambition et toute son escorte
Dans le sein du repos vient le prendre à main forte ;
L'envoie en furieux, au milieu des hasards,
Se faire estropier sur les pas des Césars ;
Et, cherchant sur la brèche une mort indiscrète,
De sa folle valeur embellir la gazette.
Tout beau, dira quelqu'un ; raillez plus à propos :
Ce vice fut toujours la vertu des héros.
Quoi donc? à votre avis fut-ce un fou qu'Alexandre? —
Qui ? cet écervelé qui mit l'Asie en cendre ?
Ce fougueux l'Angeli , qui, de sang altéré,
Maître du monde entier , s'y trouvait trop serré :
L'enragé qu'il était, né roi d'une province
Qu'il pouvait gouverner en bon et sage prince ,
S'en alla follement, et pensant être dieu,
Courir comme un bandit qui n'a ni feu ni lieu ;
Et, traînant avec soi les horreurs de la guerre,
De sa vaste folie emplir toute la terre.
Heureux si, de son temps, pour cent bonnes raisons,
La Macédoine eût eu des Petites-Maisons ;
Et qu'un sage tuteur l'eût en cette demeure ,
Par avis de parents, enfermé de bonne heure !
　　Mais , sans nous égarer dans ces digressions,
Traiter, comme Senault, toutes les passions ,
Et, les distribuant par classes et par titres,
Dogmatiser en vers, et rimer par chapitres :
Laissons-en discourir La Chambre et Coefleteau,
Et voyons l'homme enfin par l'endroit le plus beau.
　　Lui seul, vivant, dit-on, dans l'enceinte des villes,
Fait voir d'honnêtes mœurs, des coutumes civiles.
Se fait des gouverneurs, des magistrats, des rois,

Observe une police, obéit à des lois.
    Il est vrai. Mais pourtant, sans lois et sans police,
Sans craindre archers, prévôts, ni suppôts de justice,
Voit-on les loups brigands, comme nous inhumains,
Pour détrousser les loups courir les grands chemins?
Jamais, pour s'agrandir vit-on, dans sa manie
Un tigre en factions partager l'Hyrcanie?
L'ours a-t-il dans les bois la guerre avec les ours?
Le vautour dans les airs fond-il sur les vautours?
A-t-on vu quelquefois, dans les plaines d'Afrique,
Déchirant à l'envi leur propre république,
Lions contre lions, parents contre parents,
Combattre follement pour le choix des tyrans?
L'animal le plus fier qu'enfante la nature
Dans un autre animal respecte sa figure;
De sa rage avec lui modère les accès;
Vit sans bruit, sans débat, sans noise, sans procès.
Un aigle, sur un champ prétendant droit d'aubaine,
Ne fait point appeler un aigle à la huitaine.
Jamais contre un renard, chicanant un poulet,
Un renard de son sac n'alla charger Rolet.
On ne connaît chez eux ni placets ni requêtes,
Ni haut ni bas conseils, ni chambre des enquêtes.
Chacun l'un avec l'autre, en toute sûreté,
Vit sous les pures lois de la simple équité.
L'homme seul, l'homme seul, en sa fureur extrême,
Met un brutal honneur à s'égorger soi-même.
C'était peu que sa main, conduite par l'enfer,
Eût pétri le salpêtre, eût aiguisé le fer :
Il fallait que sa rage, à l'univers funeste,
Allât encore des lois embrouiller un Digeste;
Cherchât, pour l'obscurcir, des gloses, des docteurs;
Accablât l'équité sous des monceaux d'auteurs,
Et, pour comble de maux, apportât dans la France
Des harangueurs du temps l'ennuyeuse éloquence. —
    Doucement, diras-tu : que sert de s'emporter?

L'homme a ses passions, on n'en saurait douter;
Il a, comme la mer, ses flots et ses caprices ;
Mais ses moindres vertus balancent tous ses vices.
N'est-ce pas l'homme enfin dont l'art audacieux
Dans le tour d'un compas a mesuré les cieux?
Dont la vaste science, embrassant toutes choses,
A fouillé la nature, en a percé les causes ?
Les animaux ont-ils des universités?
Voit-on fleurir chez eux des quatre facultés ?
Y voit-on des savants en droit, en médecine,
Endosser l'écarlate et se fourrer d'hermine? —
     Non, sans doute; et jamais chez eux un médecin
N'empoisonna les bois de son art assassin :
Jamais docteur, armé d'un argument frivole,
Ne s'enroua chez eux sur les bancs d'une école.
Mais sans chercher au fond si notre esprit déçu
Sait rien de ce qu'il sait, s'il a jamais rien su,
Toi-même, réponds-moi. Dans le siècle où nous sommes,
Est-ce au pied du savoir qu'on mesure les hommes ?
     Veux-tu voir tous les grands à ta porte courir ?
Dit un père à son fils dont le poil va fleurir;
Prends-moi le bon parti : laisse là tous les livres.
Cent francs au denier cinq, combien font-ils?—Vingt livres.
—C'est bien dit. Va, tu sais tout ce qu'il faut savoir.
Que de biens, que d'honneurs sur toi s'en vont pleuvoir !
Exerce-toi, mon fils, dans ces hautes sciences;
Prends, au lieu d'un Platon, le guidon des finances;
Sache quelle province enrichit les traitants ;
Combien le sel au roi peut fournir tous les ans.
Endurcis-toi le cœur. Sois arabe, corsaire,
Injuste, violent, sans foi, double, faussaire;
Ne va point sottement faire le généreux ;
Engraisse-toi, mon fils, du suc des malheureux ;
Et, trompant de Colbert la prudence importune,
Va par tes cruautés mériter la fortune.
Aussitôt tu verras poètes, orateurs,

Rhéteurs, grammairiens, astronomes, docteurs,
Dégrader les héros pour te mettre en leurs places,
De tes titres pompeux enfler leurs dédicaces,
Te prouver à toi-même, en grec, hébreu, latin,
Que tu sais de leur art et le fort et le fin.
Quiconque est riche est tout : sans sagesse il est sage ;
Il a, sans rien savoir, la science en partage ;
Il a l'esprit, le cœur, le mérite, le rang,
La vertu, la valeur, la dignité, le sang ;
Il est aimé des grands, il est chéri des belles :
Jamais surintendant ne trouva de cruelles.
L'or même à la laideur donne un teint de beauté :
Mais tout devient affreux avec la pauvreté.
    C'est ainsi qu'à son fils un usurier habile
Trace vers la richesse une route facile :
Et souvent tel y vient, qui sait, pour tout secret,
Cinq et quatre font neuf ; ôtez deux, reste sept.
    Après cela, docteur, va pâlir sur la Bible ;
Va marquer les écueils de cette mer terrible ;
Perce la sainte horreur de ce livre divin ;
Confonds dans un ouvrage et Luther et Calvin ;
Débrouille des vieux temps les querelles célèbres ;
Eclaircis des rabbins les savantes ténèbres,
Afin qu'en ta vieillesse, un livre en maroquin
Aille offrir ton travail à quelqu'heureux faquin,
Qui, pour digne loyer de la Bible éclaircie,
Te paie, en l'acceptant, d'un *je vous remercie.*
Ou, si ton cœur aspire à des honneurs plus grands,
Quitte là le bonnet, la Sorbonne et les bancs ;
Et, prenant désormais un emploi salutaire,
Mets-toi chez un banquier ou bien chez un notaire.
Laisse là saint Thomas s'accorder avec Scot,
Et conclus avec moi qu'un docteur n'est qu'un sot. —
    Un docteur, diras-tu ; parlez de vous, poëte :
C'est pousser un peu loin votre muse indiscrète.
Mais, sans perdre en discours le temps hors de saison,

L'homme, venez au fait, n'a-t-il pas la raison?
N'est-ce pas son flambeau, son pilote fidèle? —
Oui, mais de quoi lui sert que sa voix le rappelle,
Si, sur la foi des vents tout prêt à s'embarquer,
Il ne voit point d'écueil qu'il ne l'aille choquer?
Et que sert à Cotin la raison qui lui crie:
« N'écris plus, guéris-toi d'une vaine furie; »
Si tous ces vains conseils, loin de la réprimer,
Ne font qu'accroître en lui la fureur de rimer?
Tous les jours de ses vers, qu'à grand bruit il récite,
Il met chez lui voisins, parents, amis en fuite;
Car lorsque son démon commence à l'agiter,
Tout, jusqu'à sa servante, est prêt à déserter.
Un âne, pour le moins, instruit par la nature,
A l'instinct qui le guide obéit sans murmure;
Ne va point follement de sa bizarre voix
Défier aux chansons les oiseaux dans les bois.
Sans avoir la raison, il marche sur sa route;
L'homme seul, qu'elle éclaire, en plein jour ne voit goutte;
Réglé par ses avis, fait tout à contre-temps,
Et, dans tout ce qu'il fait, n'a ni raison ni sens.
Tout lui plaît et déplaît, tout le choque et l'oblige;
Sans raison il est gai, sans raison il s'afflige.
Son esprit au hasard aime, évite, poursuit,
Défait, refait, augmente, ôte, élève, détruit.
Et voit-on, comme lui, les ours ni les panthères
S'effrayer sottement de leurs propres chimères;
Plus de douze attroupés craindre le nombre impair,
Ou croire qu'un corbeau les menace dans l'air?
Jamais l'homme, dis-moi, vit-il la bête folle
Sacrifier à l'homme, adorer son idole,
Lui venir, comme au dieu des saisons et des vents,
Demander à genoux la pluie ou le beau temps?
Non. Mais cent fois la bête a vu l'homme hypocondre
Adorer le métal que lui-même il fit fondre;
A vu, dans un pays, les timides mortels

Trembler aux pieds d'un singe assis sur leurs autels ;
Et, sur les bords du Nil, les peuples imbéciles,
L'encensoir à la main, chercher les crocodiles. —
    Mais pourquoi, diras-tu, cet exemple odieux ?
Que peut servir ici l'Égypte et ses faux dieux ?
Quoi, me prouverez-vous par ce discours profane
Que l'homme, qu'un docteur est au-dessous d'un âne ?
Un âne, le jouet de tous les animaux,
Un stupide animal, sujet à mille maux,
Dont le nom seul en soi comprend une satire ! —
Oui, d'un âne ; et qu'a-t-il qui nous excite à rire ?
Nous nous moquons de lui ; mais s'il pouvait un jour,
Docteur, sur nos défauts s'exprimer à son tour ;
Si, pour nous réformer, le ciel prudent et sage
De la parole enfin lui permettait l'usage ;
Qu'il pût dire tout haut ce qu'il se dit tout bas ;
Ah ! docteur, entre nous, que ne dirait-il pas ?
Et que peut-il penser, lorsque dans une rue
Au milieu de Paris, il promène sa vue,
Qu'il voit de toutes parts les hommes bigarrés,
Les uns gris, les uns noirs, les autres chamarrés ?
Que dit-il, quand il voit, avec la mort en trousse,
Courir chez un malade un assassin en housse ;
Qu'il trouve de pédants un escadron fourré,
Suivi par un recteur, de bedeaux entouré ;
Ou qu'il voit la justice, en grosse compagnie,
Mener tuer un homme avec cérémonie ?
Que pense-t-il de nous, lorsque, sur le midi,
Un hasard au palais le conduit un jeudi ;
Lorsqu'il entend de loin, d'une gueule infernale,
La chicane en fureur mugir dans la grand'salle ?
Que dit-il quand il voit les juges, les huissiers,
Les clercs, les procureurs, les sergents, les greffiers ?
Oh ! que si l'âne alors, à bon droit misanthrope,
Pouvait trouver la voix qu'il eut au temps d'Ésope ;
De tous côtés, docteur, voyant les hommes fous,

Qu'il dirait de bon cœur, sans en être jaloux,
Content de ses chardons, et secouant la tête :
Ma foi, non plus que nous, l'homme n'est qu'une bête !

NEUVIÈME SATIRE.

A SON ESPRIT.

L'APOLOGIE.

(1667—51)

C'est à vous, mon esprit, à qui je veux parler ;
Vous avez des défauts que je ne puis céler ;
Assez et trop long-temps ma lâche complaisance
De vos jeux criminels a nourri l'insolence.
Mais puisque vous poussez ma patience à bout ,
Une fois en ma vie il faut vous dire tout.
On croirait à vous voir dans vos libres caprices
Discourir en Caton des vertus et des vices ,
Décider du mérite et du prix des auteurs ,
Et faire impunément la leçon aux docteurs,
Qu'étant seul à couvert des traits de la satire ,
Vous avez tout pouvoir de parler et d'écrire.
Mais moi, qui dans le fond sais bien ce que j'en crois ,
Qui compte tous les jours vos défauts par mes doigts,
Je ris quand je vous vois, si faible et si stérile ,
Prendre sur vous le soin de réformer la ville,
Dans vos discours chagrins plus aigre et plus mordant
Qu'une femme en furie ou Gauthier en plaidant.
Mais répondez un peu. Quelle verve indiscrète
Sans l'aveu des neuf sœurs vous a rendu poète ?
Sentiez-vous, dites-moi, ces violents transports
Qui d'un esprit divin font mouvoir les ressorts ?

Qui vous a pu souffler une si folle audace ?
Phébus a-t-il pour vous aplani le Parnasse ?
Et ne savez-vous pas que, sur ce mont sacré,
Qui ne vole au sommet tombe au plus bas degré ;
Et qu'à moins d'être au rang d'Horace ou de Voiture,
On rampe dans la fange avec l'abbé de Pure ?
　　Que si tous mes efforts ne peuvent réprimer,
Cet ascendant malin qui vous force à rimer
Sans perdre en vains discours tout le fruit de vos veilles,
Osez chanter du roi les augustes merveilles :
Là, mettant à profit vos caprices divers,
Vous verriez tous les ans fructifier vos vers ;
Et par l'espoir du gain votre muse animée
Vendrait au poids de l'or une once de fumée.
Mais en vain, dites-vous, je pense vous tenter
Par l'éclat d'un fardeau trop pesant à porter :
Tout chantre ne peut pas, sur le ton d'un Orphée,
Entonner en grands vers *la Discorde étouffée ;*
Peindre *Bellone en feu tonnant de toutes parts,*
Et le Belge effrayé fuyant sur ses remparts.
Sur un ton si hardi, sans être téméraire,
Racan pourrait chanter au défaut d'un Homère ;
Mais pour Cotin et moi, qui rimons au hasard,
Que l'amour de blâmer fit poètes par art,
Quoiqu'un tas de grimauds vante notre éloquence,
Le plus sûr est pour nous de garder le silence.
Un poème insipide et sottement flatteur
Déshonore à la fois le héros et l'auteur :
Enfin de tels projets passent notre faiblesse.
　　Ainsi parle un esprit languissant de mollesse,
Qui, sous l'humble dehors d'un respect affecté,
Cache le noir venin de sa malignité.
Mais, dussiez-vous en l'air voir vos ailes fondues,
Ne valait-il pas mieux vous perdre dans les nues,
Que d'aller sans raison, d'un style peu chrétien,
Faire insulte en rimant à qui ne vous dit rien,

Et du bruit dangereux d'un livre téméraire
A vos propres périls enrichir le libraire?
　Vous vous flattez peut-être, en votre vanité,
D'aller comme un Horace à l'immortalité :
Et déjà vous croyez, dans vos rimes obscures,
Aux Saumaises futurs préparer des tortures.
Mais combien d'écrivains, d'abord si bien reçus,
Sont de ce fol espoir honteusement déçus !
Combien, pour quelques mois, ont vu fleurir leur livre,
Dont les vers en paquets se vendent à la livre !
Vous pourrez voir, un temps, vos écrits estimés
Courir de main en main par la ville semés ;
Puis de là, tout poudreux, ignorés sur la terre,
Suivre chez l'épicier Neuf-Germain et La Serre :
Ou, de trente feuillets réduits peut-être à neuf,
Parer, demi-rongés, les rebords du Pont-Neuf.
Le bel honneur pour vous, en voyant vos ouvrages
Occuper le loisir des laquais et des pages;
Et souvent, dans un coin renvoyés à l'écart,
Servir de second tome aux airs du Savoyard !
　Mais je veux que le sort, par un heureux caprice,
Fasse de vos écrits prospérer la malice,
Et qu'enfin votre livre aille, au gré de vos vœux,
Faire siffler Cotin chez nos derniers neveux :
Que vous sert-il qu'un jour l'avenir vous estime,
Si vos vers aujourd'hui vous tiennent lieu de crime,
Et ne produisent rien, pour fruit de leurs bons mots,
Que l'effroi du public et la haine des sots ?
Quel démon vous irrite et vous porte à médire ?
Un livre vous déplaît : qui vous force à le lire ?
Laissez mourir un fat dans son obscurité.
Un auteur ne peut-il pourrir en sûreté?
Le Jonas inconnu sèche dans la poussière;
Le David imprimé n'a point vu la lumière;
Le Moïse commence à moisir par les bords :
Quel mal cela fait-il ? Ceux qui sont morts sont morts;

Le tombeau contre vous ne peut-il les défendre ?
Et qu'ont fait tant d'auteurs, pour remuer leur cendre ?
Que vous ont fait Perrin, Bardin, Pradon, Hainaut,
Colletet, Pelletier, Titreville, Quinault,
Dont les noms en cent lieux, placés comme en leurs niches,
Vont de vos vers malins remplir les hémistiches ?
Ce qu'ils font vous ennuie ! O le plaisant détour !
Ils ont bien ennuyé le roi, toute la cour,
Sans que le moindre édit ait, pour punir leur crime,
Retranché les auteurs, ou supprimé la rime.
Écrive qui voudra. Chacun à ce métier
Peut perdre impunément de l'encre et du papier.
Un roman, sans blesser les lois ni la coutume,
Peut conduire un héros au dixième volume.
De là vient que Paris voit chez lui de tout temps
Les auteurs à grands flots déborder tous les ans ;
Et n'a point de portail où, jusques aux corniches,
Tous les piliers ne soient enveloppés d'affiches.
Vous seul, plus dégoûté, sans pouvoir et sans nom,
Viendrez régler les droits et l'état d'Apollon !

Mais vous, qui raffinez sur les écrits des autres,
De quel œil pensez-vous qu'on regarde les vôtres ?
Il n'est rien en ce temps à couvert de vos coups :
Mais savez-vous aussi comme on parle de vous ?

Gardez-vous, dira l'un, de cet esprit critique :
On ne sait bien souvent quelle mouche le pique.
Mais c'est un jeune fou qui se croit tout permis,
Et qui pour un bon mot va perdre vingt amis.
Il ne pardonne pas aux vers de la Pucelle,
Et croit régler le monde au gré de sa cervelle.
Jamais dans le barreau trouva-t-il rien de bon ?
Peut-on si bien prêcher qu'il ne dorme au sermon ?
Mais lui, qui fait ici le régent du Parnasse,
N'est qu'un gueux revêtu des dépouilles d'Horace.
Avant lui Juvénal avait dit en latin
Qu'on est assis à l'aise aux sermons de Cotin.

L'un et l'autre avant lui s'étaient plaints de la rime.
Et c'est aussi sur eux qu'il rejette son crime :
Il cherche à se couvrir de ces noms glorieux.
J'ai peu lu ces auteurs : mais tout n'irait que mieux
Quand de ces médisants l'engeance tout entière
Irait la tête en bas rimer dans la rivière.

Voilà comme on vous traite ; et le monde effrayé
Vous regarde déjà comme un homme noyé.
En vain quelque rieur, prenant votre défense,
Veut faire au moins, de grâce, adoucir la sentence.
Rien n'apaise un lecteur toujours tremblant d'effroi,
Qui voit peindre en autrui ce qu'il remarque en soi.

Vous ferez-vous toujours des affaires nouvelles ?
Et faudra-t-il sans cesse essuyer ces querelles ?
N'entendrai-je qu'auteurs se plaindre et murmurer ?
Jusqu'à quand vos fureurs doivent-elles durer ?
Répondez, mon esprit ; ce n'est plus raillerie :
Dites.... Mais, direz-vous, pourquoi cette furie ?
Quoi ! pour un maigre auteur que je glose en passant,
Est-ce un crime, après tout, et si noir et si grand ?
Et qui, voyant un fat s'applaudir d'un ouvrage
Où la droite raison trébuche à chaque page,
Ne s'écrie aussitôt: *L'impertinent auteur !*
L'ennuyeux écrivain ! le maudit traducteur !
A quoi bon mettre au jour tous ces discours frivoles,
Et ces riens enfermés dans de grandes paroles ?

Est-ce donc là médire, ou parler franchement?
Non, non, la médisance y va plus doucement.
Si l'on vient à chercher pour quel secret mystère
Alidor à ses frais bâtit un monastère :
Alidor, dit un fourbe, *il est de mes amis :*
Je l'ai connu laquais avant qu'il fût commis :
C'est un homme d'honneur, de piété profonde,
Et qui veut rendre à Dieu ce qu'il a pris au monde.

Voilà jouer d'adresse, et médire avec art;
Et c'est avec respect enfoncer le poignard.

Un esprit né sans fard, sans basse complaisance,
Fuit ce ton radouci que prend la médisance.
Mais de blâmer des vers ou durs ou languissants,
De choquer un auteur qui choque le bon sens,
De railler un plaisant qui ne sait pas nous plaire,
C'est ce que tout lecteur eut toujours droit de faire.

Tous les jours à la cour un sot de qualité
Peut juger de travers avec impunité :
A Malherbe, à Racan préférer Théophile,
Et le clinquant du Tasse à tout l'or de Virgile.

Un clerc, pour quinze sous, sans craindre le holà,
Peut aller au parterre attaquer Attila ;
Et, si le roi des Huns ne lui charme l'oreille,
Traiter de visigoths tous les vers de Corneille.

Il n'est valet d'auteur ni copiste, à Paris,
Qui, la balance en main, ne pèse ses écrits.
Dès que l'impression fait éclore un poète,
Il est esclave né de quiconque l'achète :
Il se soumet lui-même aux caprices d'autrui,
Et ses écrits tout seuls doivent parler pour lui.
Un auteur à genoux, dans une humble préface,
Au lecteur qu'il ennuie a beau demander grâce;
Il ne gagnera rien sur ce juge irrité
Qui lui fait son procès de pleine autorité.

Et je serai le seul qui ne pourrai rien dire !
On sera ridicule, et je n'oserai rire !
Et qu'ont produit mes vers de si pernicieux,
Pour armer contre moi tant d'auteurs furieux ?
Loin de les décrier, je les ai fait paraître ;
Et souvent, sans ces vers qui les ont fait connaître,
Leur talent dans l'oubli demeurerait caché.
Et qui saurait sans moi que Cotin a prêché ?
La satire ne sert qu'à rendre un fat illustre :
C'est une ombre au tableau qui lui donne du lustre.
En les blâmant enfin j'ai dit ce que j'en crois ;
Et tel qui m'en reprend en pense autant que moi.

Il a tort, dira l'un, *pourquoi faut-il qu'il nomme?*
Attaquer Chapelain! ah! c'est un si bon homme!
Balzac en fait l'éloge en cent endroits divers,
Il est vrai, s'il m'eût cru, qu'il n'eût point fait de vers;
Il se tue à rimer : que n'écrit-il en prose?
Voilà ce que l'on dit. Et que dis-je autre chose?
En blâmant ses écrits, ai-je d'un style affreux
Distillé sur sa vie un venin dangereux?
Ma muse, en l'attaquant, charitable et discrète,
Sait de l'homme d'honneur distinguer le poète.
Qu'on vante en lui la foi, l'honneur, la probité;
Qu'on prise sa candeur et sa civilité ;
Qu'il soit doux, complaisant, officieux, sincère :
On le veut, j'y souscris, et suis prêt à me taire.
Mais que pour un modèle on montre ses écrits,
Qu'il soit le mieux renté de tous les beaux esprits;
Comme roi des auteurs, qu'on l'élève à l'empire;
Ma bile alors s'échauffe, et je brûle d'écrire :
Et, s'il ne m'est permis de le dire au papier,
J'irai creuser la terre, et, comme ce barbier,
Faire dire aux roseaux par un nouvel organe :
Midas, le roi Midas a des oreilles d'âne.
Quel tort lui fais-je enfin ? ai-je par un écrit
Pétrifié sa veine et glacé son esprit?
Quand un livre au Palais se vend et se débite,
Que chacun par ses yeux juge de son mérite;
Que Bilaine l'étale au deuxième pilier,
Le dégoût d'un censeur peut-il le décrier?
En vain contre le Cid un ministre se ligue;
Tout Paris pour Chimène a les yeux de Rodrigue.
L'Académie en corps a beau le censurer,
Le public révolté s'obstine à l'admirer.
Mais lorsque Chapelain met une œuvre en lumière,
Chaque lecteur d'abord lui devient un Linière.
En vain il a reçu l'encens de mille auteurs,
Son livre en paraissant dément tous ses flatteurs.

3

Ainsi, sans m'accuser, quand tout Paris le joue,
Qu'il s'en prenne à ses vers que Phébus désavoue,
Qu'il s'en prenne à sa muse allemande en français.
Mais laissons Chapelain pour la dernière fois.

  La satire, dit-on, est un métier funeste,
Qui plaît à quelques gens, et choque tout le reste.
La suite en est à craindre. En ce hardi métier
La peur plus d'une fois fit repentir Regnier.
Quittez ces vains plaisirs dont l'appât vous abuse :
A de plus doux emplois occupez votre muse ;
Et laissez à Feuillet réformer l'univers.

  Et sur quoi donc faut-il que s'exercent mes vers?
Irai-je dans une ode, en phrases de Malherbe,
Troubler dans ses roseaux le Danube superbe;
Délivrer de Sion le peuple gémissant;
Faire trembler Memphis, ou pâlir le Croissant ;
Et, passant du Jourdain les ondes alarmées,
Cueillir, mal à propos, les palmes idumées?
Viendrai-je, en une églogue, entouré de troupeaux,
Au milieu de Paris enfler mes chalumeaux ;
Et, dans mon cabinet, assis au pied des hêtres,
Faire dire aux échos des sottises champêtres?
Faudra-t-il de sang-froid, et sans être amoureux,
Pour quelqu'Iris en l'air faire le langoureux ;
Lui prodiguer les noms de Soleil et d'Aurore,
Et, toujours bien mangeant, mourir par métaphore?
Je laisse aux doucereux ce langage affété,
Où s'endort un esprit de mollesse hébété.

  La satire, en leçons, en nouveautés fertile,
Sait seule assaisonner le plaisant et l'utile,
Et, d'un vers qu'elle épure aux rayons du bon sens,
Détromper les esprits des erreurs de leur temps.
Elle seule, bravant l'orgueil et l'injustice,
Va jusque sous le dais faire pâlir le vice ;
Et souvent sans rien craindre, à l'aide d'un bon mot,
Va venger la raison des attentats d'un sot.

C'est ainsi que Lucile, appuyé de Lélie,
Fit justice en son temps des Cotins d'Italie,
Et qu'Horace, jetant le sel à pleines mains,
Se jouait aux dépens des Pelletiers romains.
C'est elle qui, m'ouvrant le chemin qu'il faut suivre,
M'inspira dès quinze ans la haine d'un sot livre;
Et sur ce mont fameux où j'osai la chercher
Fortifia mes pas et m'apprit à marcher.
C'est pour elle, en un mot, que j'ai fait vœu d'écrire.
    Toutefois, s'il le faut, je veux bien m'en dédire,
Et, pour calmer enfin tous ces flots d'ennemis,
Réparer en mes vers les maux qu'ils ont commis.
Puisque vous le voulez, je vais changer de style.
Je le déclare donc : Quinault est un Virgile ;
Pradon comme un soleil en nos ans a paru ;
Pelletier écrit mieux qu'Ablancourt ni Patru ;
Cotin, à ses sermons traînant toute la terre,
Fend des flots d'auditeurs pour aller à sa chaire ;
Sofal est le phénix des esprits relevés ;
Perrin.... Bon, mon esprit, courage, poursuivez.
Mais ne voyez-vous pas que leur troupe en furie
Va prendre encor ces vers pour une raillerie ?
Et Dieu sait aussitôt que d'auteurs en courroux,
Que de rimeurs blessés s'en vont fondre sur vous !
Vous les verrez bientôt, féconds en impostures,
Amasser contre vous des volumes d'injures,
Traiter en vos écrits chaque vers d'attentat,
Et d'un mot innocent faire un crime d'État.
Vous aurez beau vanter le roi dans vos ouvrages,
Et de ce nom sacré sanctifier vos pages :
Qui méprise Cotin n'estime point son roi,
Et n'a, selon Cotin, ni Dieu, ni foi, ni loi.
    Mais quoi ! répondez-vous, Cotin nous peut-il nuire ?
Et par ses cris enfin que saurait-il produire ?
Interdire à mes vers, dont peut-être il fait cas,
L'entrée aux pensions où je ne prétends pas ?

Non, pour louer un roi que tout l'univers loue,
Ma langue n'attend point que l'argent la dénoue ;
Et, sans espérer rien de mes faibles écrits,
L'honneur de le louer m'est un trop digne prix.
On me verra toujours, sage dans mes caprices,
De ce même pinceau dont j'ai noirci les vices,
Et peint du nom d'auteur tant de sots revêtus,
Lui marquer mon respect, et tracer ses vertus.
Je vous crois; mais pourtant on crie, on vous menace.
Je crains peu, direz-vous, les braves du Parnasse.
Hé ! mon Dieu, craignez tout d'un auteur en courroux,
Qui peut....Quoi? Je m'entends. Mais encor ? Taisez-vous.

ONZIÈME SATIRE.

A M. DE VALINCOUR.

L'HONNEUR.

(1698—62)

Oui, l'honneur, Valincour, est chéri dans le monde
Chacun, pour l'exalter, en paroles abonde;
A s'en voir revêtu chacun met son bonheur :
Et tout crie ici-bas: L'honneur ! Vive l'honneur !
Entendons discourir, sur les bancs des galères,
Ce forçat abhorré même de ses confrères :
Il plaint, par un arrêt injustement donné,
L'honneur en sa personne à ramer condamné.
En un mot, parcourons et la mer et la terre ;
Interrogeons marchands, financiers, gens de guerre.
Courtisans, magistrats: chez eux, si je les crois,
L'intérêt ne peut rien ; l'honneur seul fait la loi.
Cependant, lorsqu'aux yeux leur portant la lanterne,

J'examine au grand jour l'esprit qui les gouverne,
Je n'aperçois partout que folle ambition,
Faiblesse, iniquité, fourbe, corruption,
Que ridicule orgueil de soi-même idolâtre.
Le monde, à mon avis, est comme un grand théâtre,
Où chacun en public, l'un par l'autre abusé,
Souvent à ce qu'il est joue un rôle opposé.
Tous les jours on y voit, orné d'un faux visage,
Impudemment le fou représenter le sage ;
L'ignorant s'ériger en savant fastueux,
Et le plus vil faquin trancher du vertueux.
Mais quelque fol espoir dont leur orgueil les berce,
Bientôt on les connaît, et la vérité perce.
On a beau se farder aux yeux de l'univers :
A la fin sur quelqu'un de nos vices couverts
Le public malin jette un œil inévitable ;
Et bientôt la censure, au regard formidable,
Sait, le crayon en main, marquer nos endroits faux,
Et nous développer avec tous nos défauts.
Du mensonge toujours le vrai demeure maître.
Pour paraître honnête homme, en un mot, il faut l'être ;
Et jamais, quoi qu'il fasse, un mortel ici-bas
Ne peut aux yeux du monde être ce qu'il n'est pas.
En vain ce misanthrope, aux yeux tristes et sombres,
Veut par un air riant en éclaircir les ombres :
Le ris sur son visage est en mauvaise humeur ;
L'agrément fuit ses traits ; ses caresses font peur ;
Ses mots les plus flatteurs paraissent des rudesses,
Et la vanité brille en toutes ses bassesses.
Le naturel toujours sort et sait se montrer :
Vainement on l'arrête, on le force à rentrer ;
Il rompt tout, perce tout, et trouve enfin passage.
   Mais loin de mon projet, je sens que je m'engage.
Revenons de ce pas à ce texte égaré.
L'honneur partout, disais-je, est du monde admiré :
Mais l'honneur, en effet, qu'il faut que l'on admire,

Quel est-il, Valincour ? Pourras-tu me le dire?
L'ambitieux le met souvent à tout brûler ;
L'avare, à voir chez lui le Pactole rouler ;
Un faux brave, à vanter sa prouesse frivole ;
Un vrai fourbe, à jamais ne garder sa parole ;
Ce poète, à noircir d'insipides papiers ;
Ce marquis, à savoir frauder ses créanciers ;
Un libertin, à rompre et jeûnes et carême ;
Un fou perdu d'honneur, à braver l'honneur même.
L'un d'eux a-t-il raison ? Qui pourrait le penser?
Qu'est-ce donc que l'honneur que tout doit embrasser ?
Est-ce de voir, dis-moi, vanter notre éloquence ;
D'exceller en courage, en adresse, en prudence ;
De voir à notre aspect tout trembler sous les cieux ;
De posséder enfin mille dons précieux ?
Mais avec tous ces dons de l'esprit et de l'âme
Un roi même souvent peut n'être qu'un infâme,
Qu'un Hérode, un Tibère effroyable à nommer.
Où donc est cet honneur qui seul doit nous charmer?
Quoi qu'en ses beaux discours Saint-Évremond nous prône,
Aujourd'hui j'en croirai Sénèque avant Pétrone.
    Dans le monde il n'est rien de beau que l'équité :
Sans elle, la valeur, la force, la bonté,
Et toutes les vertus dont s'éblouit la terre
Ne sont que faux brillants et que morceaux de verre.
Un injuste guerrier, terreur de l'univers,
Qui, sans sujet courant chez cent peuples divers,
S'en va tout ravager jusqu'aux rives du Gange,
N'est qu'un plus grand voleur que Du Terte et Saint-Ange.
Du premier des Césars on vante les exploits ;
Mais dans quel tribunal, jugé suivant les lois ,
Eût-il pu disculper son injuste manie ?
Qu'on livre son pareil en France à La Reynie ;
Dans trois jours nous verrons le phénix des guerriers
Laisser sur l'échafaud sa tête et ses lauriers.
C'est d'un roi que l'on tient cette maxime auguste:

Que jamais on n'est grand qu'autant que l'on est juste.
Rassemblez à la fois Mithridate et Sylla ;
Joignez-y Tamerlan, Genseric, Attila :
Tous ces fiers conquérants, rois, princes, capitaines,
Sont moins grands à mes yeux que ce bourgeois d'Athènes
Qui sut, pour tous exploits, doux, modéré, frugal,
Toujours vers la justice aller d'un pas égal.
Oui, la justice en nous est la vertu qui brille :
Il faut de ses couleurs qu'ici-bas tout s'habille ;
Dans un mortel chéri, tout injuste qu'il est,
C'est quelqu'air d'équité qui séduit et qui plaît.
A cet unique appât l'âme est vraiment sensible :
Même aux yeux de l'injuste, un injuste est horrible ;
Et tel qui n'admet point la probité chez lui
Souvent à la rigueur l'exige chez autrui.
Disons plus : Il n'est point d'âme livrée au vice
Où l'on ne trouve encor des traces de justice.
Chacun de l'équité ne fait pas son flambeau ;
Tout n'est pas Caumartin, Bignon, ni d'Aguesseau ;
Mais jusqu'en ces pays où tout vit de pillage,
Chez l'Arabe et le Scythe, elle est de quelqu'usage ;
Et du butin acquis en violant les lois,
C'est elle entr'eux qui fait le partage et le choix.
Mais allons voir le vrai jusqu'en sa source même.
Un dévot, aux yeux creux et d'abstinence blême,
S'il n'a point le cœur juste, est affreux devant Dieu.
L'Évangile au chrétien ne dit en aucun lieu
Sois dévot. Il nous dit : Sois doux, simple, équitable.
Car d'un dévot souvent au chrétien véritable
La distance est deux fois plus longue, à mon avis,
Que du pôle antarctique au détroit de Davis.
Encor par ce dévot, ne crois pas que j'entende
Tartufe, ou Molinos et sa mystique bande :
J'entends un faux chrétien, mal instruit, mal guidé,
Et qui, de l'Évangile en vain persuadé,
N'en a jamais conçu l'esprit ni la justice ;

Un chrétien qui s'en sert pour disculper le vice ;
Qui, toujours près des grands, qu'il prend soin d'abuser,
Sur leurs faibles honteux sait les autoriser ;
Et croit pouvoir au ciel, par ses folles maximes,
Avec le sacrement faire entrer tous les crimes,
Des faux dévots pour moi voilà le vrai héros.

Mais, pour borner enfin tout ce vague propos,
Concluons qu'ici-bas le seul honneur solide,
C'est de prendre toujours la vérité pour guide ;
De regarder en tout la raison et la loi ;
D'être doux pour tout autre, et rigoureux pour soi ;
D'accomplir tout le bien que le Ciel nous inspire,
Et d'être juste enfin : ce mot seul veut tout dire.
Je doute que le flot des vulgaires humains
A ce discours pourtant donne aisément les mains ;
Et, pour t'en dire ici la raison historique,
Souffre que je l'habille en fable allégorique.

Sous le bon roi Saturne, ami de la douceur,
L'Honneur, cher Valincour, et l'Équité, sa sœur,
De leurs sages conseils éclairant tout le monde,
Régnaient, chéris du Ciel, dans une paix profonde.
Tout vivait en commun sous ce couple adoré :
Aucun n'avait d'enclos ni de champ séparé.
La vertu n'était point sujette à l'ostracisme,
Ni ne s'appelait point alors un jansénisme.
L'Honneur, beau par soi-même et sans vains ornements,
N'étalait point aux yeux l'or ni les diamants,
Et, jamais ne sortant de ses devoirs austères,
Maintenait de sa sœur les règles salutaires.
Mais, une fois au ciel par les dieux appelé,
Il demeura long-temps au séjour étoilé.

Un fourbe cependant, assez haut de corsage,
Et qui lui ressemblait de geste et de visage,
Prend son temps, et partout ce hardi suborneur
S'en va chez les humains crier qu'il est l'Honneur,
Qu'il arrive du ciel, et que, voulant lui-même

Seul porter désormais le faix du diadème,
De lui seul il prétend qu'on reçoive la loi.
A ces discours trompeurs le monde ajoute foi,
L'innocente Équité honteusement bannie
Trouve à peine un désert où fuir l'ignominie,
Aussitôt sur un trône éclatant de rubis
L'imposteur monte, orné de superbes habits.
La Hauteur, le Dédain, l'Audace l'environnent,
Et le Luxe et l'Orgueil de leurs mains le couronnent.
Tout fier, il montre alors un front plus sourcilleux :
Et le Mien et le Tien, deux frères pointilleux,
Par son ordre amenant les procès et la guerre,
En tous lieux de ce pas vont partager la terre ;
En tous lieux, sous les noms de bon droit et de tort,
Vont chez elle établir le seul droit du plus fort.
Le nouveau roi triomphe, et sur ce droit inique
Bâtit de vaines lois un code fantastique :
Avant tout aux mortels prescrit de se venger;
L'un l'autre, au moindre affront, les force à s'égorger,
Et dans leur âme, en vain de remords combattue,
Trace en lettres de sang ces deux mots : *Meurs ou Tue.*
    Alors, ce fut alors, sous ce vrai Jupiter,
Qu'on vit naître ici-bas le noir siècle de fer.
Le frère au même instant s'arma contre le frère ;
Le fils trempa ses mains dans le sang de son père ;
La soif de commander enfanta les tyrans,
Du Tanaïs au Nil porta les conquérants ;
L'ambition passa pour la vertu sublime ;
Le crime heureux fut juste, et cessa d'être crime :
On ne vit plus que haine et que division,
Qu'envie, effroi, tumulte, horreur, confusion.
    Le véritable Honneur, sur la voûte céleste,
Est enfin averti de ce trouble funeste.
Il part sans différer, et, descendu des cieux,
Va partout se montrer dans les terrestres lieux ;
Mais il n'y fait plus voir qu'un visage incommode :

5*

On n'y peut plus souffrir ses vertus hors de mode ;
Et lui-même, traité de fourbe et d'imposteur,
Est contraint de ramper aux pieds du séducteur.
Enfin, las d'essuyer outrage sur outrage,
Il livre les humains à leur triste esclavage ;
S'en va trouver sa sœur, et, dès ce même jour,
Avec elle s'envole au céleste séjour.
Depuis, toujours ici riche de leur ruine,
Sur les tristes mortels le faux Honneur domine,
Gouverne tout, fait tout, dans ce bas univers,
Et peut-être est-ce lui qui m'a dicté ces vers.
Mais en fût-il l'auteur, je conclus de sa fable
Que ce n'est qu'en Dieu seul qu'est l'honneur véritable.

FIN DES SATIRES.

ÉPITRES.

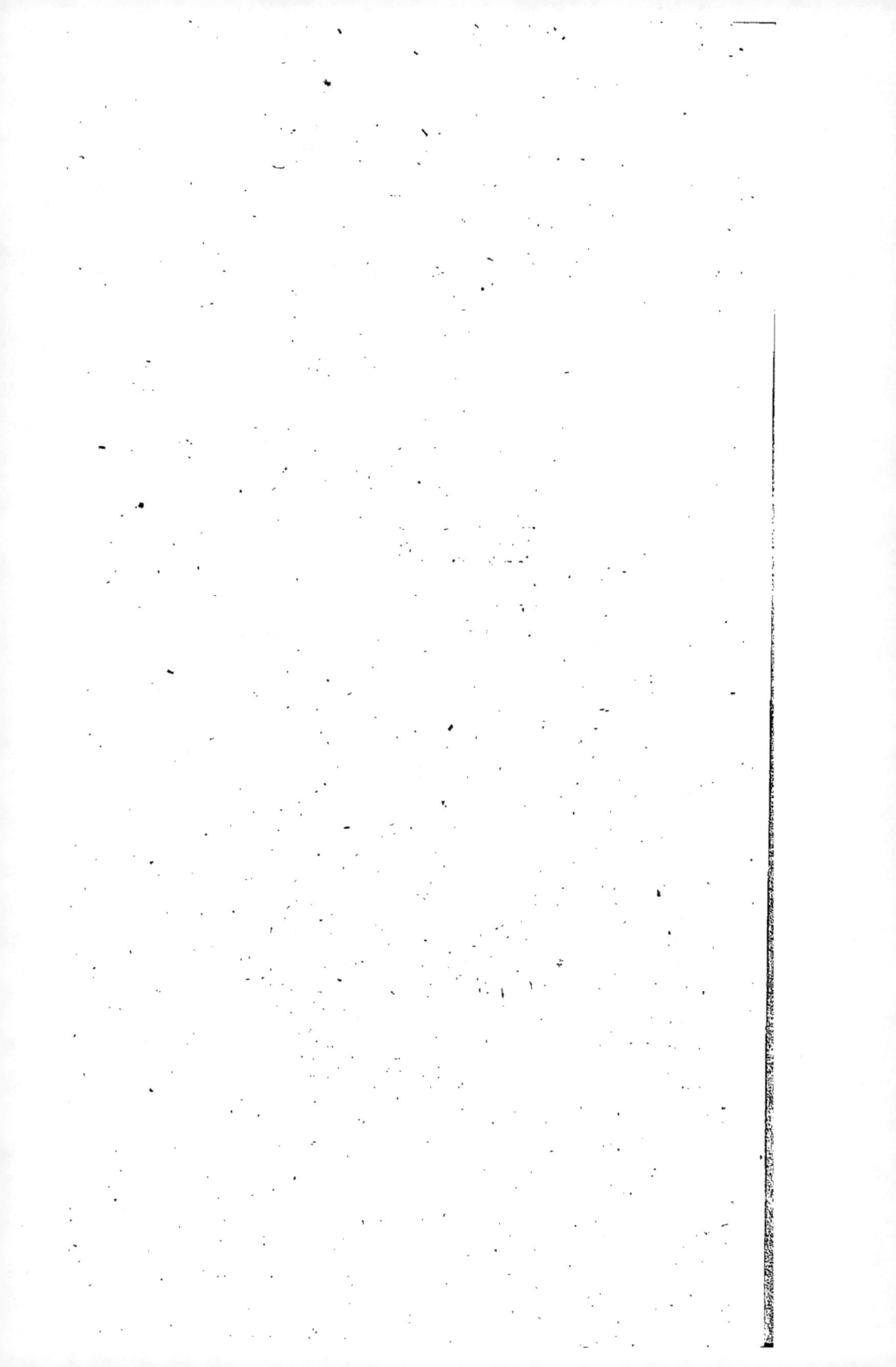

ÉPITRES.

PREMIÈRE ÉPITRE.

AU ROI.

LES AVANTAGES DE LA PAIX.
(1669—55)

Grand roi, c'est vainement qu'abjurant la satire,
Pour toi seul désormais j'avais fait vœu d'écrire ;
Dès que je prends la plume, Apollon éperdu
Semble me dire: Arrête, insensé, que fais-tu ?
Sais-tu dans quels périls aujourd'hui tu t'engages ?
Cette mer où tu cours est célèbre en naufrages.
Ce n'est pas qu'aisément, comme un autre, *à ton char*
Je ne pusse attacher *Alexandre* et *César* ;
Qu'aisément je ne pusse, en quelqu'ode insipide,
T'exalter aux dépens et de *Mars* et d'*Alcide* ;
Te livrer le *Bosphore*, et, d'un vers incivil,
Proposer au *Sultan* de te céder le *Nil.*
Mais, pour te bien louer, une raison sévèr
Me dit qu'il faut sortir d'une route vulgaire ;
Qu'après avoir joué tant d'auteurs différents,
Phébus même aurait peur, s'il entrait sur les rangs ;
Que par des vers tout neufs, avoués du Parnasse,
Il faut de mes dégoûts justifier l'audace ;
Et, si ma muse enfin n'est égale à mon roi,
Que je prête aux Cotins des armes contre moi.
Est-ce là cet auteur, l'effroi de la Pucelle,

Qui devait des bons vers nous tracer le modèle ;
Ce censeur, diront-ils, qui nous réformait tous ?
Quoi ! ce critique affreux n'en sait pas plus que nous !
N'avons-nous pas cent fois, en faveur de la France,
Comme lui, dans nos vers, pris *Memphis* et *Bysance* ;
Sur les bords de *l'Euphrate* abattu le *turban,*
Et coupé, pour rimer, *les cèdres du Liban ?*
De quel front aujourd'hui vient-il, sur nos brisées,
Se revêtir encor de nos phrases usées ?
    Que répondrais-je alors ? Honteux et rebuté,
J'aurais beau me complaire en ma propre beauté,
Et, de mes tristes vers admirateur unique,
Plaindre en les relisant l'ignorance publique :
Quelqu'orgueil en secret dont s'aveugle un auteur,
Il est fâcheux, grand roi, de se voir sans lecteur,
Et d'aller du récit de ta gloire immortelle
Habiller chez Francœur le sucre et la cannelle.
Ainsi, craignant toujours un funeste accident,
J'imite de Conrart le silence prudent :
Je laisse aux plus hardis l'honneur de la carrière,
Et regarde le champ, assis sur la barrière.
    Malgré moi toutefois, un mouvement secret
Vient flatter mon esprit qui se tait à regret.
Quoi ! dis-je tout chagrin, dans ma verve infertile,
Des vertus de mon roi spectateur inutile,
Faudra-t-il sur sa gloire attendre à m'exercer,
Que ma tremblante voix commence à se glacer ?
Dans un si beau projet, si ma muse rebelle
N'ose le suivre aux champs de Lille et de Bruxelle,
Sans le chercher aux bords de l'Escaut et du Rhin,
La paix l'offre à mes yeux plus calme et plus serein.
Oui, grand roi, laissons là les siéges, les batailles ;
Qu'un autre aille en rimant renverser des murailles,
Et, souvent sur tes pas marchant sans ton aveu,
S'aille couvrir de sang, de poussière et de feu.
A quoi bon, d'une muse au carnage animée,

Échauffer ta valeur déjà trop allumée ?
Jouissons à loisir du fruit de tes bienfaits,
Et ne nous lassons point des douceurs de la paix.
  Pourquoi ces éléphants, ces armes, ce bagage,
Et ces vaisseaux tout prêts à quitter le rivage ?
Disait au roi Pyrrhus un sage confident,
Conseiller très-sensé d'un roi très-imprudent.
Je vais, lui dit ce prince, à Rome où l'on m'appelle.
—Quoi faire ? —L'assiéger. — L'entreprise est fort belle,
Et digne seulement d'Alexandre ou de vous.
Mais Rome prise enfin, Seigneur, où courons-nous ?
  — Du reste des Latins la conquête est facile.
—Sans doute on les peut vaincre : est-ce tout ? —La Sicile
De là nous tend les bras, et bientôt, sans effort,
Syracuse reçoit nos vaisseaux dans son port. —
Bornez-vous là vos pas ? —Dès que nous l'aurons prise,
Il ne faut qu'un bon vent, et Carthage est conquise.
Les chemins sont ouverts ; qui peut nous arrêter ? —
Je vous entends, Seigneur, nous allons tout dompter ;
Nous allons traverser les sables de Lybie,
Asservir, en passant, l'Égypte, l'Arabie,
Courir de-là le Gange en de nouveaux pays,
Faire trembler le Scythe aux bords du Tanaïs,
Et ranger sous nos lois tout ce vaste hémisphère.
Mais, de retour enfin, que prétendez-vous faire ?
  — Alors, cher Cinéas, victorieux, contents,
Nous pourrons rire à l'aise et prendre du bon temps.
  — Hé! Seigneur, dès ce jour, sans sortir de l'Épire,
Du matin jusqu'au soir qui vous défend de rire ?
Le conseil était sage et facile à goûter.
Pyrrhus vivait heureux s'il eût pu l'écouter :
Mais à l'ambition opposer la prudence,
C'est aux prélats de cour prêcher la résidence.
  Ce n'est pas que mon cœur, du travail ennemi,
Approuve un fainéant sur le trône endormi ;
Mais quelques vains lauriers que promette la guerre,

On peut être héros sans ravager la terre.
Il est plus d'une gloire. En vain aux conquérants
L'erreur, parmi les rois, donne les premiers rangs :
Entre les grands héros ce sont les plus vulgaires.
Chaque siècle est fécond en heureux téméraires ;
Chaque siècle produit des favoris de Mars :
La Seine a des Bourbons, le Tibre a des Césars.
On a vu mille fois des Fanges-Méotides
Sortir des conquérants, Goths, Vandales, Gépides ;
Mais un roi vraiment roi, qui, sage en ses projets,
Sache en un calme heureux maintenir ses sujets,
Qui du bonheur public ait cimenté sa gloire,
Il faut, pour le trouver, courir toute l'histoire.
La terre compte peu de ces rois bienfaisants :
Le ciel à les former se prépare long-temps.
Tel fut cet empereur sous qui Rome adorée
Vit renaître les jours de Saturne et de Rhée ;
Qui rendit de son joug l'univers amoureux ;
Qu'on n'alla jamais voir sans revenir heureux ;
Qui soupirait le soir, si sa main fortunée
N'avait par ses bienfaits signalé la journée.
Le cours ne fut pas long d'un empire si doux.
   Mais où cherché-je ailleurs ce qu'on trouve chez nous ?
Grand roi, sans recourir aux histoires antiques,
Ne t'avons-nous pas vu dans les plaines belgiques,
Quand l'ennemi vaincu, désertant ses remparts,
Au-devant de ton joug courait de toutes parts,
Toi-même te borner, au fort de ta victoire,
Et chercher dans la paix une plus juste gloire ?
Ce sont là les exploits que tu dois avouer,
Et c'est par là, grand roi, que je te veux louer.
Assez d'autres sans moi, d'un style moins timide,
Suivront, aux champs de Mars, ton courage rapide ;
Iront de ta valeur effrayer l'univers,
Et camper devant Dôle au milieu des hivers.
Pour moi, loin des combats, sur un ton moins terrible,

Je dirai les exploits de ton règne paisible ;
Je peindrai les plaisirs en foule renaissants,
Les oppresseurs du peuple à leur tour gémissants.
On verra par quels soins ta sage prévoyance
Au fort de la famine entretint l'abondance.
On verra les abus par ta main réformés,
La licence et l'orgueil en tous lieux réprimés,
Du débris des traitants ton épargne grossie,
Des subsides affreux la rigueur adoucie,
Le soldat dans la paix sage et laborieux,
Nos artisans grossiers rendus industrieux,
Et nos voisins frustrés de ces tributs serviles
Que payait à leur art le luxe de nos villes.
Tantôt je tracerai tes pompeux bâtiments,
Du loisir d'un héros nobles amusements.
J'entends déja frémir les deux mers étonnées
De voir leurs flots unis aux pieds des Pyrénées.
Déjà de tous côtés la chicane aux abois
S'enfuit au seul aspect de tes nouvelles lois.
Oh ! que ta main, par là, va sauver de pupilles !
Que de savants plaideurs désormais inutiles !
Qui ne sent point l'effet de tes soins généreux ?
L'univers sous ton règne a-t-il des malheureux ?
Est-il quelque vertu dans les glaces de l'Ourse,
Ni dans ces lieux brûlés où le jour prend sa source,
Dont la triste indigence ose encore approcher,
Et qu'en foule tes dons d'abord n'aillent chercher ?
C'est par toi qu'on va voir les muses enrichies,
De leur longue disette à jamais affranchies.
Grand roi, poursuis toujours, assure leur repos.
Sans elles un héros n'est pas long-temps héros :
Bientôt, quoi qu'il ait fait, la mort d'une ombre noire,
Enveloppe avec lui son nom et son histoire.
En vain, pour s'exempter de l'oubli du cercueil,
Achille mit vingt fois tout Ilion en deuil ;
En vain, malgré les vents, aux bords de l'Hespérie

Énée enfin porta ses dieux et sa patrie :
Sans le secours des vers, leurs noms tant publiés
Seraient depuis mille ans avec eux oubliés.
Non : à quelques hauts faits que ton destin t'appelle,
Sans le secours soigneux d'une muse fidèle,
Pour t'immortaliser tu fais de vains efforts.
Apollon te la doit : ouvre-lui tes trésors.
En poètes fameux rends nos climats fertiles :
Un Auguste aisément peut faire des Virgiles.
Que d'illustres témoins de ta vaste bonté
Vont pour toi déposer à la postérité !

Pour moi qui, sur ton nom déjà brûlant d'écrire,
Sens au bout de ma plume expirer la satire,
Je n'ose de mes vers vanter ici le prix.
Toutefois, si quelqu'un de mes faibles écrits
Des ans injurieux peut éviter l'outrage,
Peut-être pour ta gloire aura-t-il son usage.
Et comme tes exploits, étonnant les lecteurs,
Seront à peine crus sur la foi des auteurs ;
Si quelque esprit malin les veut traiter de fables,
On dira quelque jour, pour les rendre croyables :
Boileau, qui, dans ses vers pleins de sincérité,
Jadis à tout son siècle a dit la vérité ;
Qui mit à tout blâmer son étude et sa gloire,
A pourtant de ce roi parlé comme l'histoire.

DEUXIÈME ÉPITRE.

A L'ABBÉ DES ROCHES

LES PLAIDEURS.

(1669—55)

A quoi bon réveiller mes muses endormies,
Pour tracer aux auteurs des règles ennemies?
Penses-tu qu'aucun d'eux veuille subir mes lois,
Ni suivre une raison qui parle par ma voix?
Oh! le plaisant docteur qui, sur les pas d'Horace,
Vient prêcher, diront-ils, la réforme au Parnasse!
Nos écrits sont mauvais, les siens valent-ils mieux?
J'entends déjà d'ici Linière furieux,
Qui m'appelle au combat sans prendre un plus long terme.
De l'encre, du papier, dit-il; qu'on nous enferme :
Voyons qui de nous deux, plus aisé dans ses vers,
Aura plus tôt rempli la page et le revers.
Moi donc qui suis peu fait à ce genre d'escrime,
Je le laisse tout seul verser rime sur rime,
Et, souvent de dépit contre moi s'exerçant,
Punir de mes défauts le papier innocent.
Mais toi qui ne crains point qu'un rimeur te noircisse,
Que fais-tu cependant, seul en ton bénéfice?
Attends-tu qu'un fermier, payant, quoiqu'un peu tard,
De ton bien pour le moins daigne te faire part?
Vas-tu, grand défenseur des droits de ton église,
De tes moines mutins réprimer l'entreprise?
Crois-moi, dût Auzanet t'assurer du succès,
Abbé, n'entreprends point même un juste procès.
N'imite point ces fous dont la sotte avarice

Va de ses revenus engraisser la Justice ;
Qui, toujours assignant et toujours assignés,
Souvent demeurent gueux de vingt procès gagnés.
Soutenons bien nos droits : sot est celui qui donne.
C'est ainsi devers Caen que tout Normand raisonne.
　　Ce sont là les leçons dont un père manseau
Instruit son fils novice, au sortir du berceau.
Mais pour toi, qui, nourri bien en deçà de l'Oise,
As sucé la vertu picarde et champenoise,
Non, non, tu n'iras point, ardent bénéficier,
Faire enrouer pour toi Corbin ni Le Mazier.
Toutefois, si jamais quelque ardeur bilieuse
Allumait dans ton cœur l'humeur litigieuse,
Consulte-moi d'abord, et, pour la réprimer,
Retiens bien la leçon que je te vais rimer.
　　Un jour, dit un auteur, n'importe en quel chapitre,
Deux voyageurs à jeun rencontrèrent une huître ;
Tous deux la contestaient, lorsque dans leur chemin
La Justice passa, la balance à la main.
Devant elle à grand bruit ils expliquent la chose :
Tous deux avec dépens veulent gagner leur cause.
La Justice, pesant ce droit litigieux,
Demande l'huître, l'ouvre, et l'avale à leurs yeux,
Et, par ce bel arrêt terminant la bataille,
Tenez, voilà, dit-elle, à chacun une écaille.
Des sottises d'autrui nous vivons au palais :
Messieurs, l'huître était bonne. Adieu ! vivez en paix.

TROISIÈME ÉPITRE.

A ARNAULD.

LA FAUSSE HONTE,

(1673—57)

Oui, sans peine, au travers des sophismes de Claude,
Arnauld, des novateurs tu découvres la fraude,
Et romps de leurs erreurs les filets captieux.
Mais que sert que ta main leur dessille les yeux,
Si toujours dans leur âme une pudeur rebelle,
Près d'embrasser l'Église, au prêche les rappelle ?
Non, ne crois pas que Claude, habile à se tromper,
Soit insensible aux traits dont tu sais le frapper ;
Mais un démon l'arrête, et, quand ta voix l'attire,
Lui dit : Si tu te rends, sais-tu ce qu'on va dire ?
Dans son heureux retour lui montre un faux malheur,
Lui peint de Charenton l'hérétique douleur ;
Et, balançant Dieu même en son âme flottante,
Fait mourir dans son cœur la vérité naissante.
Des superbes mortels le plus affreux lien,
N'en doutons point, Arnauld, c'est la honte du bien.
Des plus nobles vertus cette adroite ennemie
Peint l'honneur à nos yeux des traits de l'infamie ;
Asservit nos esprits sous un joug rigoureux,
Et nous rend l'un et l'autre esclaves malheureux.
Par elle la vertu devient lâche et timide.
Vois-tu ce libertin en public intrépide,
Qui prêche contre un Dieu que dans son âme il croit ?
Il irait embrasser la vérité qu'il voit ;

Mais de ses faux amis il craint la raillerie,
Et ne brave ainsi Dieu que par poltronnerie.
   C'est là de tous nos maux le fatal fondement.
Des jugements d'autrui nous tremblons follement ;
Et, chacun l'un de l'autre adorant les caprices,
Nous cherchons hors de nous nos vertus et nos vices.
Misérables jouets de notre vanité,
Faisons au moins l'aveu de notre infirmité.
A quoi bon, quand la fièvre en nos artères brûle,
Faire de notre mal un secret ridicule ?
Le feu sort de vos yeux pétillants et troublés ;
Votre pouls inégal, marche à pas redoublés ;
Quelle fausse pudeur à feindre vous oblige ?
Qu'avez-vous ? Je n'ai rien. Mais.... Je n'ai rien, vous dis-je,
Répondra ce malade à se taire obstiné.
Mais cependant voilà tout son corps gangrené ;
Et la fièvre, demain se rendant la plus forte,
Un bénitier aux pieds, va l'étendre à la porte.
Prévenons sagement un si juste malheur.
Le jour fatal est proche et vient comme un voleur.
Avant qu'à nos erreurs le ciel nous abandonne,
Profitons de l'instant que de grâce il nous donne.
Hâtons-nous ; le temps fuit et nous traîne avec soi :
Le moment où je parle est déjà loin de moi.
   Mais quoi ! toujours la honte en esclaves nous lie !
Oui, c'est toi qui nous perds, ridicule folie :
C'est toi qui fis tomber le premier malheureux,
Le jour que, d'un faux bien sottement amoureux,
Et n'osant soupçonner sa femme d'imposture,
Au démon, par pudeur, il vendit la nature.
Hélas ! avant ce jour qui perdit ses neveux,
Tous les plaisirs couraient au-devant de ses vœux.
La faim aux animaux ne faisait point la guerre ;
Le blé, pour se donner, sans peine ouvrant la terre,
N'attendait point qu'un bœuf pressé de l'aiguillon
Traçât à pas tardifs un pénible sillon ;

La vigne offrait partout des grappes toujours pleines,
Et des ruisseaux de lait serpentaient dans les plaines ;
Mais dès ce jour, Adam, déchu de son état,
D'un tribut de douleurs paya son attentat.
Il fallut qu'au travail son corps rendu docile
Forçât la terre avare à devenir fertile.
Le chardon importun hérissa les guérets.
Le serpent venimeux rampa dans les forêts.
La canicule en feu désola les campagnes ;
L'aquilon en fureur gronda sur les montagnes.
Alors, pour se couvrir durant l'âpre saison,
Il fallut aux brebis dérober leur toison.
La peste en même temps, la guerre et la famine,
Des malheureux humains jurèrent la ruine.
Mais aucun de ces maux n'égala les rigueurs
Que la mauvaise honte exerça dans les cœurs.
De ce nid à l'instant sortirent tous les vices.
L'avare, des premiers en proie à ses caprices,
Dans un infâme gain mettant l'honnêteté,
Pour toute honte alors compta la pauvreté.
L'honneur et la vertu n'osèrent plus paraître ;
La piété chercha les déserts et le cloître.
Depuis on n'a point vu de cœur si détaché
Qui par quelque lien ne tînt à ce péché.
Triste et funeste effet du premier de nos crimes !
Moi-même, Arnauld, ici, qui te prêche en ces rimes,
Plus qu'aucun des mortels par la honte abattu,
En vain j'arme contre elle une faible vertu.
Ainsi, toujours douteux, chancelant et volage,
A peine du limon où le vice m'engage
J'arrache un pied timide, et sors en m'agitant,
Que l'autre m'y reporte et s'embourbe à l'instant.
Car si, comme aujourd'hui, quelque rayon de zèle
Allume dans mon cœur une clarté nouvelle,
Soudain, aux yeux d'autrui s'il faut la confirmer,
D'un geste, d'un regard, je me sens alarmer ;

Et, même sur ces vers que je te viens d'écrire,
Je tremble en ce moment de ce que l'on va dire.

QUATRIÈME ÉPITRE

AU ROI

(1672 — 56.)

En vain pour te louer ma muse toujours prête
Vingt fois de la Hollande a tenté la conquête :
Ce pays, où cent murs n'ont pu te résister,
Grand roi, n'est pas en vers si facile à dompter.
Des villes que tu prends les noms durs et barbares
N'offrent de toutes parts que syllabes bizarres ;
Et, l'oreille effrayée, il faut depuis l'Yssel,
Pour trouver un bon mot courir jusqu'au Tessel.
Oui, partout de son nom chaque place munie,
Tient bon contre le vers, en détruit l'harmonie,
Et qui peut sans frémir, aborder Woërden ?
Quel vers ne tomberait au seul nom de Heusden ?
Quelle muse à rimer en tous lieux disposée
Oserait approcher des bords du Zuyderzée ?
Comment en vers heureux assiéger Doësbourg,
Zutphen, Wageninghen, Harderwic, Knotzembourg ?
Il n'est fort, entre ceux que tu prends par centaines,
Qui ne puisse arrêter un rimeur six semaines ;
Et partout sur le Whal, ainsi que sur le Leck,
Le vers est en déroute et le poète à sec.
   Encor si tes exploits, moins grands et moins rapides,
Laissaient prendre courage à nos muses timides,
Peut-être avec le temps, à force d'y rêver,
Par quelque coup de l'art nous pourrions nous sauver.

Mais, dès qu'on veut tenter cette vaste carrière,
Pégase s'effarouche et recule en arrière.
Mon Apollon s'étonne ; et Nimègue est à toi,
Que ma muse est encore au camp devant Orsoi.

Aujourd'hui toutefois mon zèle m'encourage ;
Il faut au moins du Rhin tenter l'heureux passage.
Un trop juste devoir veut que nous l'essayions.
Muses, pour le tracer, cherchez tous vos crayons ;
Car, puisqu'en cet exploit tout paraît incroyable,
Que la vérité pure y ressemble à la fable,
De tous vos ornements vous pouvez l'égayer.
Venez donc, et surtout gardez bien d'ennuyer.
Vous savez des grands vers les disgrâces tragiques ;
Et souvent on ennuie en termes magnifiques.

Au pied du mont Adule, entre mille roseaux,
Le Rhin, tranquille et fier du progrès de ses eaux,
Appuyé d'une main sur son urne penchante,
Dormait au bruit flatteur de son onde naissante ;
Lorsqu'un cri, tout à coup suivi de mille cris,
Vient d'un calme si doux retirer ses esprits.
Il se trouble, il regarde, et partout sur ses rives
Il voit fuir à grands pas ses naïades craintives,
Qui toutes, accourant vers leur humide roi,
Par un récit affreux redoublent son effroi.
Il apprend qu'un héros, conduit par la victoire,
A de ses bords fameux flétri l'antique gloire ;
Que Rhinberg et Wesel, terrassés en deux jours,
D'un joug déjà prochain menacent tout son cours.
Nous l'avons vu, dit l'une, affronter la tempête
De cent foudres d'airain tournés contre sa tête.
Il marche vers Tholus, et tes flots en courroux
Au prix de sa fureur sont tranquilles et doux.
Il a de Jupiter la taille et le visage ;
Et depuis ce Romain dont l'insolent passage
Sur un pont en deux jours trompa tous tes efforts,
Jamais rien de si grand n'a paru sur tes bords.

4

Le Rhin tremble et frémit à ces tristes nouvelles ;
Le feu sort à travers ses humides prunelles.
« C'est donc trop peu, dit-il, que l'Escaut en deux mois
« Ait appris à couler sous de nouvelles lois ;
« Et de mille remparts mon onde environnée
« De ces fleuves sans nom suivra la destinée !
« Ah ! périssent mes eaux ! ou par d'illustres coups
« Montrons qui doit céder des mortels ou de nous. »
    A ces mots, essuyant sa barbe limoneuse,
Il prend d'un vieux guerrier la figure poudreuse.
Son front cicatrisé rend son air furieux ;
Et l'ardeur du combat étincelle en ses yeux.
En ce moment il part ; et, couvert d'une nue,
Du fameux fort de Skink prend la route connue.
Là, contemplant son cours, il voit de toutes parts
Ses pâles défenseurs par la frayeur épars ;
Il voit cent bataillons qui, loin de se défendre,
Attendent sur des murs l'ennemi pour se rendre.
Confus, il les aborde ; et renforçant sa voix :
« Grands arbitres, dit-il, des querelles des rois,
« Est-ce ainsi que votre âme, aux périls aguerrie,
« Soutient sur ces remparts l'honneur et la patrie ?
« Votre ennemi superbe, en cet instant fameux,
« Du Rhin, près de Tholus, fend les flots écumeux.
« Du moins, en vous montrant sur la rive opposée,
« N'oseriez-vous saisir une victoire aisée ?
« Allez, vils combattants, inutiles soldats,
« Laissez là ces mousquets trop pesants pour vos bras ;
« Et, la faux à la main, parmi vos marécages,
« Allez couper vos joncs et presser vos laitages ;
« Ou, gardant les seuls bords qui vous peuvent couvrir,
« Avec moi, de ce pas, venez vaincre ou mourir. »
    Ce discours d'un guerrier que la colère enflamme
Ressuscite l'honneur déjà mort en leur âme ;
Et, leurs cœurs s'allumant d'un reste de chaleur,
La honte fait en eux l'effet de la valeur.

Ils marchent droit au fleuve, où Louis en personne,
Déjà prêt à passer, instruit, dispose, ordonne.
Par son ordre, Grammont le premier dans les flots
S'avance soutenu des regards du héros.
Son coursier, écumant sous un maître intrépide,
Nage tout orgueilleux de la main qui le guide.
Revel le suit de près ; sous ce chef redouté
Marche des cuirassiers l'escadron indompté.
Mais déjà devant eux une chaleur guerrière
Emporte loin du bord le bouillant Lesdiguière,
Vivonne, Nantouillet, et Coislin, et Salart ;
Chacun d'eux au péril veut la première part.
Vendôme, que soutient l'orgueil de sa naissance,
Au même instant dans l'onde impatient s'élance.
La Salle, Beringhen, Nogent, d'Ambre, Cavois,
Fendent les flots tremblants sous un si noble poids.
Louis, les animant du feu de son courage,
Se plaint de sa grandeur qui l'attache au rivage.
Par ses soins cependant trente légers vaisseaux
D'un tranchant aviron déjà coupent les eaux :
Cent guerriers s'y jetant signalent leur audace.
Le Rhin les voit d'un œil qui porte la menace ;
Il s'avance en courroux. Le plomb vole à l'instant,
Et pleut de toutes parts sur l'escadron flottant.
Du salpêtre en fureur l'air s'échauffe et s'allume,
Et des coups redoublés tout le rivage fume.
Déjà du plomb mortel plus d'un brave est atteint ;
Sous les fougueux coursiers l'onde écume et se plaint.
De tant de coups affreux la tempête orageuse
Tient un temps sur les eaux la fortune douteuse.
Mais Louis d'un regard sait bientôt la fixer :
Le destin à ses yeux n'oserait balancer.
Bientôt avec Grammont courent Mars et Bellone ;
Le Rhin à leur aspect d'épouvante frissonne ;
Quand, pour nouvelle alarme à ses esprits glacés,
Un bruit s'épand qu'Enghien et Condé sont passés ;

Condé, dont le seul nom fait tomber les murailles,
Force les escadrons, et gagne les batailles ;
Enghien, de son hymen le seul et digne fruit,
Par lui dès son enfance à la victoire instruit.
L'ennemi renversé fuit et gagne la plaine ;
Le dieu lui-même cède au torrent qui l'entraîne.
Et seul, désespéré, pleurant ses vains efforts,
Abandonne à Louis la victoire et ses bords.
    Du fleuve ainsi dompté la déroute éclatante
À Wurts, jusqu'en son camp, va porter l'épouvante ;
Wurts, l'espoir du pays et l'appui de ses murs ;
Wurts... Ah! quel nom, grand roi, quel Hector que ce Wurts !,
Sans ce terrible nom, mal né pour les oreilles,
Que j'allais à tes yeux étaler de merveilles !
Bientôt on eût vu Skink, dans mes vers emporté,
De ses fameux remparts démentir la fierté ;
Bientôt... Mais Wurts s'oppose à l'ardeur qui m'anime.
Finissons, il est temps ; aussi bien, si la rime
Allait mal à propos m'engager dans Arnheim,
Je ne sais, pour sortir, de porte qu'Hildesheim.
    Oh ! que le ciel, soigneux de notre poésie,
Grand roi, ne nous fit-il plus voisins de l'Asie !
Bientôt, victorieux de cent peuples altiers,
Tu nous aurais fourni des rimes à milliers.
Il n'est plaine en ces lieux, si sèche et si stérile,
Qui ne soit en beaux mots partout riche et fertile.
Là, plus d'un bourg fameux par son antique nom
Vient offrir à l'oreille un agréable son.
Quel plaisir de te suivre aux rives du Scamandre
D'y trouver d'Ilion la poétique cendre ;
De juger si les Grecs, qui brisèrent ses tours,
Firent plus en dix ans que Louis en dix jours !
Mais pourquoi sans raison désespérer ma veine ?
Est-il dans l'univers de place si lointaine
Où ta valeur, grand roi, ne te puisse porter,
Et ne m'offre bientôt des exploits à chanter ?

Non, non, ne faisons plus de plaintes inutiles :
Puisqu'ainsi dans deux mois tu prends quarante villes,
Assuré des bons vers dont ton bras me répond,
Je t'attends dans deux ans aux bords de l'Hellespont.

CINQUIÈME ÉPITRE.

A DE GUILLERAGUES.

LA CONNAISSANCE DE SOI-MÊME.

(1674 — 38)

Esprit né pour la cour, et maître en l'art de plaire,
Guilleragues, qui sais et parler et te taire,
Apprends-moi si je dois ou me taire ou parler.
Faut-il dans la satire encore me signaler,
Et, dans ce champ fécond en plaisantes malices,
Faire encore aux auteurs redouter mes caprices ?
Jadis, non sans tumulte, on m'y vit éclater,
Quand mon esprit plus jeune et prompt à s'irriter
Aspirait moins au nom de discret et de sage,
Que mes cheveux plus noirs ombrageaient mon visage :
Maintenant que le temps a mûri mes désirs,
Que mon âge, amoureux de plus sages plaisirs,
Bientôt s'en va frapper à son neuvième lustre ;
J'aime mieux mon repos qu'un embarras illustre.
Que d'une égale ardeur mille auteurs animés
Aiguisent contre moi leurs traits envenimés ;
Que tout, jusqu'à Pinchêne, et m'insulte et m'accable :
Aujourd'hui, vieux lion, je suis doux et traitable ;
Je n'arme point contre eux mes ongles émoussés.
Ainsi que mes beaux jours mes chagrins sont passés ;

Je ne sens plus l'aigreur de ma bile première,
Et laisse aux froids rimeurs une libre carrière.
  Ainsi donc, philosophe à la raison soumis,
Mes défauts désormais sont mes seuls ennemis.
C'est l'erreur que je fuis, c'est la vertu que j'aime ;
Je songe à me connaître, et me cherche en moi-même.
C'est là l'unique étude où je veux m'attacher.
Que, l'astrolabe en main, un autre aille chercher
Si le soleil est fixe ou tourne sur son axe,
Si Saturne à nos yeux peut faire un parallaxe ;
Que Rohaut vainement sèche pour concevoir
Comment, tout étant plein, tout a pu se mouvoir ;
Ou que Bernier compose et le sec et l'humide,
Des corps ronds et crochus errant parmi le vide ;
Pour moi, sur cette mer qu'ici-bas nous courons,
Je songe à me pourvoir d'esquif et d'avirons,
A régler mes désirs, à prévenir l'orage,
A sauver, s'il se peut, ma raison du naufrage.
  C'est au repos d'esprit que nous aspirons tous ;
Mais ce repos heureux se doit chercher en nous.
Un fou rempli d'erreurs, que le trouble accompagne,
Et malade à la ville, ainsi qu'à la campagne,
En vain monte à cheval pour tromper son ennui :
Le chagrin monte en croupe, et galoppe avec lui.
Que crois-tu qu'Alexandre, en ravageant la terre,
Cherche parmi l'horreur, le tumulte et la guerre ?
Possédé d'un ennui qu'il ne saurait dompter,
Il craint d'être à soi-même, et songe à s'éviter.
C'est là ce qui l'emporte aux lieux où naît l'aurore,
Où le Perse est brûlé de l'astre qu'il adore.
  De nos propres malheurs auteurs infortunés,
Nous sommes loin de nous à toute heure entraînés.
A quoi bon ravir l'or au sein du nouveau monde ?
Le bonheur, tant cherché sur la terre et sur l'onde,
Est ici comme aux lieux où mûrit le coco,
Et se trouve à Paris de même qu'à Cusco ;

On ne le tire point des veines du Potose.
Qui vit content de rien possède toute chose.
Mais, sans cesse ignorants de nos propres besoins,
Nous demandons au ciel ce qu'il nous faut le moins.
« Oh ! que si cet hiver un rhume salutaire,
Guérissant de tous maux mon avare beau-père,
Pouvait, bien confessé, l'étendre en un cercueil,
Et remplir sa maison d'un agréable deuil !
Que mon âme, en ce jour de joie et d'opulence,
D'un superbe convoi plaindrait peu la dépense ! »
Disait le mois passé, doux, honnête et soumis,
L'héritier affamé de ce riche commis
Qui, pour lui préparer cette douce journée,
Tourmenta quarante ans sa vie infortunée.
La mort vient de saisir le vieillard catarrheux :
Voilà son gendre riche ; en est-il plus heureux ?
Tout fier du faux éclat de sa vaine richesse,
Déjà, nouveau seigneur, il vante sa noblesse.
Quoique fils de meûnier, encor blanc du moulin,
Il est prêt à fournir ses titres en vélin.
En mille vains projets à toute heure il s'égare ;
Le voilà fou, superbe, impertinent, bizarre,
Rêveur, sombre, inquiet, à soi-même ennuyeux,
Il vivrait plus content, si, comme ses aïeux,
Dans un habit conforme à sa vraie origine,
Sur le mulet encore il chargeait la farine.
    Mais ce discours n'est pas pour le peuple ignorant,
Que le faste éblouit d'un bonheur apparent.
L'argent, l'argent, dit-on ; sans lui tout est stérile ;
La vertu sans l'argent n'est qu'un meuble inutile.
L'argent en honnête homme érige un scélérat ;
L'argent seul au Palais peut faire un magistrat.
    Qu'importe qu'en tous lieux on me traite d'infâme,
Dit ce fourbe sans foi, sans honneur et sans âme :
Dans mon coffre, tout plein de rares qualités,
J'ai cent mille vertus en louis bien comptés.

Est-il quelque talent que l'argent ne me donne ?
C'est ainsi qu'en son cœur ce financier raisonne.
Mais pour moi, que l'éclat ne saurait décevoir,
Qui mets au rang des biens l'esprit et le savoir,
J'estime autant Patru, même dans l'indigence,
Qu'un commis engraissé des malheurs de la France.
Non que je sois du goût de ce sage insensé
Qui, d'un argent commode esclave embarrassé,
Jette tout dans la mer pour crier : Je suis libre !
De la droite raison je sens mieux l'équilibre :
Mais je tiens qu'ici-bas, sans faire tant d'apprêts,
La vertu se contente et vit à peu de frais.
Pourquoi donc s'égarer en des projets si vagues ?
    Ce que j'avance ici, crois-moi, cher Guilleragues,
Ton ami dès l'enfance ainsi l'a pratiqué.
Mon père, soixante ans au travail appliqué,
En mourant me laissa, pour rouler et pour vivre,
Un revenu léger, et son exemple à suivre.
Mais bientôt, amoureux d'un plus noble métier,
Fils, frère, oncle, cousin, beau-frère de greffier,
Pouvant charger mon bras d'une utile liasse,
J'allai loin du palais errer sur le Parnasse.
La famille en pâlit, et vit en frémissant
Dans la poudre du greffe un poète naissant.
On vit avec horreur une muse effrénée
Dormir chez un greffier la grasse matinée.
Dès lors à la richesse il fallut renoncer.
Ne pouvant l'acquérir, j'appris à m'en passer.
Et surtout, redoutant la basse servitude,
La libre vérité fut toute mon étude.
Dans ce métier funeste à qui veut s'enrichir,
Qui l'eût cru, que pour moi le sort dût se fléchir ?
Mais du plus grand des rois la bonté sans limite,
Toujours prête à courir au-devant du mérite,
Crut voir dans ma franchise un mérite inconnu,
Et d'abord de ses dons enfla mon revenu.

La brigue ni l'envie à mon bonheur contraires,
Ni les cris douloureux de mes vains adversaires,
Ne purent dans leur course arrêter ses bienfaits.
C'en est trop : mon bonheur a passé mes souhaits.
Qu'à son gré désormais la fortune me joue ;
On me verra dormir au branle de sa roue,
    Si quelque soin encore agite mon repos,
C'est l'ardeur de louer un si fameux héros.
Ce soin ambitieux me tirant par l'oreille,
La nuit, lorsque je dors, en sursaut me réveille :
Me dit que ces bienfaits, dont j'ose me vanter,
Par des vers immortels ont dû se mériter.
C'est là le seul chagrin qui trouble encor mon âme.
Mais si, dans le beau feu du zèle qui m'enflamme,
Par un ouvrage enfin des critiques vainqueur,
Je puis sur ce sujet satisfaire mon cœur,
Guilleragues, plains-toi de mon humeur légère,
Si jamais, entraîné d'une ardeur étrangère,
Ou d'un vil intérêt reconnaissant la loi,
Je cherche mon bonheur autre part que chez moi.

SIXIÈME ÉPITRE.

A DE LAMOIGNON.

LES PLAISIRS DES CHAMPS.

(1677 — 41)

Oui, Lamoignon, je fuis les chagrins de la ville,
Et contre eux la campagne est mon unique asile.
Du lieu qui m'y retient veux-tu voir le tableau?
C'est un petit village, ou plutôt un hameau,
Bâti sur le penchant d'un long rang de collines,

4*

D'où l'œil s'égare au loin dans les plaines voisines.
La Seine, au pied des monts que son flot vient laver,
Voit du sein de ses eaux vingt îles s'élever,
Qui, partageant son cours en diverses manières,
D'une rivière seule y forment vingt rivières.
Tous ses bords sont couverts de saules non plantés,
Et de noyers souvent du passant insultés.
Le village au-dessus forme un amphithéâtre :
L'habitant ne connaît ni la chaux ni le plâtre ;
Et dans le roc, qui cède et se coupe aisément,
Chacun sait de sa main creuser un logement.
La maison du Seigneur, seule un peu plus ornée,
Se présente au dehors de murs environnée.
Le soleil en naissant la regarde d'abord,
Et le mont la défend des outrages du nord.
    C'est là, cher Lamoignon, que mon esprit tranquille
Met à profit les jours que la Parque me file.
Ici, dans un vallon bornant tous mes désirs,
J'achète à peu de frais de solides plaisirs.
Tantôt, un livre en main, errant dans les prairies,
J'occupe ma raison d'utiles rêveries :
Tantôt, cherchant la fin d'un vers que je construi,
Je trouve au coin d'un bois le mot qui m'avait fui.
Quelquefois, aux appâts d'un hameçon perfide
J'amorce en badinant le poisson trop avide ;
Ou d'un plomb qui suit l'œil, et part avec l'éclair,
Je vais faire la guerre aux habitants de l'air.
Une table, au retour, propre et non magnifique,
Nous présente un repas agréable et rustique :
Là, sans s'assujettir aux dogmes du Broussain,
Tout ce qu'on boit est bon, tout ce qu'on mange est sain ;
La maison le fournit, la fermière l'ordonne,
Et mieux que Bergerat l'appétit l'assaisonne.
O fortuné séjour ! ô champs aimés des cieux !
Que, pour jamais foulant vos prés délicieux,
Ne puis-je ici fixer ma course vagabonde,

Et, connu de vous seuls, oublier tout le monde !
  Mais à peine, du sein de vos vallons chéris
Arraché malgré moi, je rentre dans Paris,
Qu'en tous lieux les chagrins m'attendent au passage.
Un cousin, abusant d'un fâcheux parentage,
Veut qu'encor tout poudreux, et sans me débotter,
Chez vingt juges pour lui j'aille solliciter :
Il faut voir de ce pas les plus considérables ;
L'un demeure au Marais, et l'autre aux Incurables.
Je reçois vingt avis qui me glacent d'effroi :
Hier, dit-on, de vous on parla chez le roi,
Et d'attentat horrible on traita la satire.
Et le roi, que dit-il ?—Le roi se prit à rire.
Contre vos derniers vers on est fort en courroux,
Pradon a mis au jour un livre contre vous ;
Et, chez le chapelier du coin de notre place,
Autour d'un caudebec j'en ai lu la préface.
L'autre jour sur un mot la cour vous condamna.
Le bruit court qu'avant-hier on vous assassina.
Un écrit scandaleux sous votre nom se donne.
D'un pasquin qu'on a fait, au Louvre on vous soupçonne.
Moi ? — Vous : on nous l'a dit dans le Palais-Royal.
  Douze ans sont écoulés depuis le jour fatal
Qu'un libraire, imprimant les essais de ma plume,
Donna, pour mon malheur, un trop heureux volume.
Toujours, depuis ce temps, en proie aux sots discours,
Contre eux la vérité m'est un faible secours.
Vient-il de la province une satire fade,
D'un plaisant du pays insipide boutade ;
Pour la faire courir on dit qu'elle est de moi ;
Et le sot campagnard le croit de bonne foi.
J'ai beau prendre à témoin et la cour et la ville :
Non ; à d'autres, dit-il ; on connaît votre style.
Combien de temps ces vers vous ont-ils bien coûté ?—
Ils ne sont point de moi, monsieur, en vérité ;
Peut-on m'attribuer ces sottises étranges ?—

Ah ! monsieur, vos mépris vous servent de louanges.
    Ainsi de cent chagrins dans Paris accablé,
Juge si, toujours triste, interrompu, troublé,
Lamoignon, j'ai le temps de courtiser les muses.
Le monde cependant se rit de mes excuses,
Croit que, pour m'inspirer sur chaque événement,
Apollon doit venir au premier mandement.
    Un bruit court que le roi va tout réduire en poudre,
Et dans Valencienne est entré comme un foudre ;
Que Cambrai, des Français l'épouvantable écueil,
A vu tomber enfin ses murs et son orgueil ;
Que, devant Saint-Omer, Nassau, par sa défaite,
De Philippe vainqueur rend la gloire complète.
Dieu sait comme les vers chez vous s'en vont couler !
Dit d'abord un ami qui veut me cajoler,
Et, dans ce temps guerrier et fécond en Achilles,
Croit que l'on fait les vers comme l'on prend les villes.
Mais moi, dont le génie est mort en ce moment,
Je ne sais que répondre à ce vain compliment ;
Et, justement confus de mon peu d'abondance,
Je me fais un chagrin du bonheur de la France.
    Qu'heureux est le mortel qui, du monde ignoré,
Vit content de soi-même, en un coin retiré ;
Que l'amour de ce rien qu'on nomme renommée
N'a jamais enivré d'une vaine fumée ;
Qui de sa liberté forme tout son plaisir,
Et ne rend qu'à lui seul compte de son loisir !
Il n'a point à souffrir d'affronts ni d'injustices,
Et du peuple inconstant il brave les caprices.
Mais nous autres faiseurs de livres et d'écrits,
Sur les bords du Permesse aux louanges nourris,
Nous ne saurions briser nos fers et nos entraves,
Du lecteur dédaigneux honorables esclaves.
Du rang où notre esprit une fois s'est fait voir,
Sans un fâcheux éclat nous ne saurions déchoir.
Le public, enrichi du tribut de nos veilles,

Croit qu'on doit ajouter merveilles sur merveilles.
Au comble parvenus, il veut que nous croissions ;
Il veut en vieillissant que nous rajeunissions.
Cependant tout décroît ; et moi-même, à qui l'âge
D'aucune ride encor n'a flétri le visage,
Déjà moins plein de feu, pour animer ma voix
J'ai besoin du silence et de l'ombre des bois :
Ma muse, qui se plaît dans leurs routes perdues,
Ne saurait plus marcher sur le pavé des rues.
Ce n'est que dans ces bois, propres à m'exciter,
Qu'Apollon quelquefois daigne encor m'écouter.
     Ne demande donc plus par quelle humeur sauvage
Tout l'été, loin de toi, demeurant au village,
J'y passe obstinément les ardeurs du Lion,
Et montre pour Paris si peu de passion.
C'est à toi, Lamoignon, que le rang, la naissance,
Le mérite éclatant, et la haute éloquence,
Appellent dans Paris aux sublimes emplois,
Qu'il sied bien d'y veiller pour le maintien des lois.
Tu dois là tous tes soins au bien de la patrie :
Tu ne t'en peux bannir que l'orphelin ne crie ;
Que l'oppresseur ne montre un front audacieux :
Et Thémis pour voir clair a besoin de tes yeux.
Mais pour moi, de Paris citoyen inhabile,
Qui ne lui puis fournir qu'un rêveur inutile,
Il me faut du repos, des prés et des forêts.
Laisse-moi donc ici, sous leurs ombrages frais,
Attendre que septembre ait ramené l'automne,
Et que Cérès contente ait fait place à Pomone.
Quand Bacchus comblera de ses nouveaux bienfaits
Le vendangeur ravi de ployer sous le faix,
Aussitôt ton ami, redoutant moins la ville,
T'ira joindre à Paris, pour s'enfuir à Bâville.
Là, dans le seul loisir que Thémis t'a laissé,
Tu me verras souvent, à te suivre empressé,
Pour monter à cheval rappelant mon audace,

Apprenti cavalier galoper sur ta trace.
Tantôt sur l'herbe assis, au pied de ces coteaux
Où Polycrène épand ses libérales eaux,
Lamoignon, nous irons, libres d'inquiétude,
Discourir des vertus dont tu fais ton étude ;
Chercher quels sont les biens véritables ou faux ;
Si l'honnête homme en soi doit souffrir des défauts ;
Quel chemin le plus droit à la gloire nous guide,
Ou la vaste science, ou la vertu solide.
C'est ainsi que chez toi tu sauras m'attacher.
Heureux si les fâcheux, prompts à nous y chercher,
N'y viennent point semer l'ennuyeuse tristesse !
Car, dans ce grand concours d'hommes de toute espèce,
Que sans cesse à Bâville attire le devoir,
Au lieu de quatre amis qu'on attendait le soir,
Quelquefois de fâcheux arrivent trois volées,
Qui du parc à l'instant assiégent les allées.
Alors sauve qui peut : et quatre fois heureux
Qui sait pour s'échapper quelqu'autre ignoré d'eux !

SEPTIÈME ÉPITRE.

A RACINE.

L'UTILITÉ DES ENNEMIS.

(1677—41)

Que tu sais bien, Racine, à l'aide d'un acteur,
Émouvoir, étonner, ravir un spectateur !
Jamais Iphigénie, en Aulide immolée,
N'a coûté tant de pleurs à la Grèce assemblée,
Que, dans l'heureux spectacle à nos yeux étalé,

En a fait sous son nom verser la Champmeslé.
Ne crois pas toutefois, par tes savants ouvrages,
Entraînant tous les cœurs, gagner tous les suffrages.
Sitôt que d'Apollon un génie inspiré
Trouve loin du vulgaire un chemin ignoré,
En cent lieux contre lui les cabales s'amassent ;
Ses rivaux obscurcis autour de lui croassent ;
Et son trop de lumière, importunant les yeux,
De ses propres amis lui fait des envieux.
La mort seule ici-bas, en terminant sa vie,
Peut calmer sur son nom l'injustice et l'envie ;
Faire au poids du bon sens peser tous ses écrits,
Et donner à ses vers leur légitime prix.
Avant qu'un peu de terre, obtenu par prière,
Pour jamais sous la tombe eût enfermé Molière,
Mille de ses beaux traits, aujourd'hui si vantés,
Furent des sots esprits à nos yeux rebutés.
L'ignorance et l'erreur à ses naissantes pièces
En habits de marquis, en robes de comtesses,
Venaient pour diffamer son chef-d'œuvre nouveau,
Et secouaient la tête à l'endroit le plus beau.
Le commandeur voulait la scène plus exacte ;
Le vicomte indigné sortait au second acte.
L'un, défenseur zélé des bigots mis en jeu,
Pour prix de ses bons mots le condamnait au feu ;
L'autre, fougueux marquis, lui déclarant la guerre,
Voulait venger la cour immolée au parterre.
Mais, sitôt que d'un trait de ses fatales mains
La Parque l'eut rayé du nombre des humains,
On reconnut le prix de sa muse éclipsée.
L'aimable comédie, avec lui terrassée,
En vain d'un coup si rude espéra revenir,
Et sur ses brodequins ne put plus se tenir.
Tel fut chez nous le sort du théâtre comique.
　　Toi donc qui, t'élevant sur la scène tragique,
Suis les pas de Sophocle, et, seul de tant d'esprits,

De Corneille vieilli sais consoler Paris,
Cesse de t'étonner si l'envie animée,
Attachant à ton nom sa rouille envenimée,
La calomnie en main, quelquefois te poursuit.
En cela, comme en tout, le ciel qui nous conduit,
Racine, fait briller sa profonde sagesse.
Le mérite en repos s'endort dans la paresse ;
Mais par les envieux un génie excité
Au comble de son art est mille fois monté :
Plus on veut l'affaiblir, plus il croît et s'élance.
Au Cid persécuté Cinna doit sa naissance ;
Et peut-être ta plume aux censeurs de Pyrrhus
Doit les plus nobles traits dont tu peignis Burrhus.
    Moi-même, dont la gloire ici moins répandue
Des pâles envieux ne blesse point la vue,
Mais qu'une humeur trop libre, un esprit peu soumis,
De bonne heure a pourvu d'utiles ennemis,
Je dois plus à leur haine, il faut que je l'avoue,
Qu'au faible et vain talent dont la France me loue.
Leur venin, qui sur moi brûle de s'épancher,
Tous les jours en marchant m'empêche de broncher.
Je songe, à chaque trait que ma plume hasarde,
Que d'un œil dangereux leur troupe me regarde.
Je sais sur leurs avis corriger mes erreurs,
Et je mets à profit leurs malignes fureurs.
Sitôt que sur un vice ils pensent me confondre,
C'est en me guérissant que je sais leur répondre ;
Et plus en criminel ils pensent m'ériger,
Plus, croissant en vertu, je songe à me venger.
    Imite mon exemple ; et lorsqu'une cabale,
Un flot de vains auteurs, follement te ravale,
Profite de leur haine et de leur mauvais sens ;
Ris du bruit passager de leurs cris impuissants.
Que peut contre tes vers une ignorance vaine ?
Le Parnasse français, ennobli par ta veine,
Contre tous ces complots saura te maintenir,

Et soulever pour toi l'équitable avenir,
Et qui, voyant un jour la douleur vertueuse
De Phèdre malgré soi perfide, incestueuse,
D'un si noble travail justement étonné,
Ne bénira d'abord le siècle fortuné
Qui, rendu plus fameux par tes illustres veilles,
Vit naître sous ta main ces pompeuses merveilles !

   Cependant laisse ici gronder quelques censeurs
Qu'aigrissent de tes vers les charmantes douceurs.
Et qu'importe à nos vers que Perrin les admire :
Que l'auteur du Jonas s'empresse pour les lire ;
Qu'ils charment de Senlis le poète idiot,
Ou le sec traducteur du français d'Amyot :
Pourvu qu'avec éclat leurs rimes débitées
Soient du peuple, des grands, des provinces goûtées ;
Pourvu qu'ils puissent plaire au plus puissant des rois ;
Qu'à Chantilli Condé les souffre quelquefois :
Qu'Enghien en soit touché ; que Colbert et Vivonne,
Que La Rochefoucauld, Marsillac et Pomponne,
Et mille autres qu'ici je ne puis faire entrer,
A leurs traits délicats se laissent pénétrer ?
Et plût au ciel encor, pour couronner l'ouvrage,
Que Montansier voulût lui donner son suffrage !

   C'est à de tels lecteurs que j'offre mes écrits.
Mais pour un tas grossier de frivoles esprits,
Admirateurs zélés de toute œuvre insipide,
Que, non loin de la place où Brioché préside,
Sans chercher dans les vers ni cadence ni son,
Il s'en aille admirer le savoir de Pradon !

HUITIÈME ÉPITRE.

AU ROI.

SES DÉLASSEMENTS PENDANT LA PAIX.

(1675 — 59.)

Grand roi, cesse de vaincre, ou je cesse d'écrire.
Tu sais bien que mon style est né pour la satire ;
Mais mon esprit, contraint de la désavouer,
Sous ton règne étonnant ne veut plus que louer.
Tantôt, dans les ardeurs de ce zèle incommode,
Je songe à mesurer les syllabes d'une ode ;
Tantôt, d'une Énéide auteur ambitieux,
Je m'en forme déjà le plan audacieux,
Ainsi, toujours flatté d'une douce manie,
Je sens de jour en jour dépérir mon génie ;
Et mes vers, en ce style ennuyeux, sans appas,
Déshonorent ma plume, et ne t'honorent pas.

Encor si ta valeur, à tout vaincre obstinée,
Nous laissait pour le moins respirer une année,
Peut-être mon esprit, prompt à ressusciter,
Du temps qu'il a perdu saurait se racquitter.

Sur ses nombreux défauts, merveilleux à décrire,
Le siècle m'offre encor plus d'un bon mot à dire.
Mais à peine Dinan et Limbourg sont forcés,
Qu'il faut chanter Bouchain et Condé terrassés.
Ton courage, affamé de péril et de gloire,
Court d'exploits en exploits, de victoire en victoire.
Souvent ce qu'un seul jour te voit exécuter
Nous laisse pour un an d'actions à conter.

Que si quelquefois, las de forcer des murailles,
Le soin de tes sujets te rappelle à Versailles,

Tu viens m'embarrasser de mille autres vertus ;
Te voyant de plus près, je t'admire encor plus.
Dans les nobles douceurs d'un séjour plein de charmes,
Tu n'es pas moins héros qu'au milieu des alarmes :
De ton trône agrandi portant seul tout le faix,
Tu cultives les arts, tu répands les bienfaits ;
Tu sais récompenser jusqu'aux muses critiques.
Ah ! crois-moi, c'en est trop. Nous autres satiriques,
Propres à relever les sottises du temps,
Nous sommes un peu nés pour être mécontents.
Notre muse, souvent paresseuse et stérile,
A besoin, pour marcher, de colère et de bile.
Notre style languit dans un remercîment :
Mais, grand roi, nous savons nous plaindre élégamment.
    Oh ! que, si je vivais sous les règnes sinistres
De ces rois nés valets de leurs propres ministres,
Et qui, jamais en main ne prenant le timon,
Aux exploits de leur temps ne prêtaient que leur nom ;
Que, sans les fatiguer d'une louange vaine,
Aisément les bons mots couleraient de ma veine !
Mais toujours sous ton règne il faut se récrier :
Toujours, les yeux au ciel, il faut remercier.
Sans cesse à t'admirer ma critique forcée
N'a plus en écrivant de maligne pensée ;
Et mes chagrins, sans fiel et presqu'évanouis,
Font grâce à tout le siècle en faveur de Louis.
En tous lieux cependant la Pharsale approuvée,
Sans crainte de mes vers, va la tête levée ;
La licence partout règne dans les écrits :
Déjà le mauvais sens reprenant ses esprits
Songe à nous redonner des poëmes épiques,
S'empare des discours mêmes académiques.
Perrin a de ses vers obtenu le pardon ;
Et la scène française est en proie à Pradon.
Et moi, sur ce sujet loin d'exercer ma plume,
J'amasse de tes faits le pénible volume ;

Et ma muse, occupée à cet unique emploi,
Ne regarde, n'entend, ne connaît plus que toi.
　　Tu le sais bien pourtant, cette ardeur empressée
N'est point en moi l'effet d'une âme intéressée.
Avant que tes bienfaits courussent me chercher,
Mon zèle impatient ne se pouvait cacher :
Je n'admirais que toi. Le plaisir de le dire
Vint m'apprendre à louer au sein de la satire.
Et, depuis que tes dons sont venus m'accabler,
Loin de sentir mes vers avec eux redoubler,
Quelquefois, le dirai-je ? un remords légitime,
Au fort de mon ardeur, vient refroidir ma rime.
Il me semble, grand roi, dans mes nouveaux écrits,
Que mon encens payé n'est plus du même prix.
J'ai peur que l'univers, qui sait ma récompense,
N'impute mes transports à ma reconnaissance ;
Et que par tes présents mon vers décrédité
N'ait moins de poids pour toi dans la postérité.
　　Toutefois je sais vaincre un remords qui te blesse.
Si tout ce qui reçoit des fruits de ta largesse
A peindre tes exploits ne doit point s'engager,
Qui d'un si juste soin se pourra donc charger ?
Ah ! plutôt de nos sons redoublons l'harmonie :
Le zèle à mon esprit tiendra lieu de génie.
Horace, tant de fois dans mes vers imité,
De vapeurs, en son temps, comme moi tourmenté,
Pour amortir le feu de sa rate indocile,
Dans l'encre quelquefois sut égayer sa bile :
Mais de la même main qui peignit Tullius,
Qui d'affronts immortels couvrit Tigellius,
Il sut fléchir Glycère, il sut vanter Auguste,
Et marquer sur sa lyre une cadence juste.
Suivons les pas fameux d'un si noble écrivain.
A ces mots, quelquefois prenant la lyre en main,
Au récit que pour toi je suis prêt d'entreprendre,
Je crois voir les rochers accourir pour m'entendre ;

Et déjà mon vers coule à flots précipités,
Quand j'entends le lecteur qui me crie : Arrêtez!
Horace eut cent talents; mais la nature avare
Ne vous a rien donné qu'un peu d'humeur bizarre;
Vous passez en audace et Perse et Juvénal;
Mais sur le ton flatteur Pinchêne est votre égal.
A ce discours, grand roi, que pourrais-je répondre?
Je me sens sur ce point trop facile à confondre;
Et, sans trop relever des reproches si vrais,
Je m'arrête à l'instant, j'admire, et je me tais.

NEUVIÈME ÉPITRE.

AU MARQUIS DE SEIGNELAY,

SECRÉTAIRE D'ÉTAT.

RIEN N'EST BEAU QUE LE VRAI.

(1675—39)

Dangereux ennemi de tout mauvais flatteur,
Seignelay, c'est en vain qu'un ridicule auteur,
Prêt à porter ton nom de l'Èbre jusqu'au Gange,
Croit te prendre aux filets d'une sotte louange;
Aussitôt ton esprit, prompt à se révolter,
S'échappe et rompt le piége où l'on veut l'arrêter.
Il n'en est pas ainsi de ces esprits frivoles
Que tout flatteur endort au son de ses paroles;
Qui, dans un vain sonnet placés au rang des dieux,
Se plaisent à fouler l'Olympe radieux;
Et, fiers du haut étage où La Serre les loge,
Avalent sans dégoût le plus grossier éloge.

Tu ne te repais point d'encens à si bas prix ;
Non que tu sois pourtant de ces rudes esprits
Qui regimbent toujours, quelque main qui les flatte ;
Tu souffres la louange adroite et délicate,
Dont la trop forte odeur n'ébranle point les sens.
Mais un auteur, novice à répandre l'encens,
Souvent à son héros, dans un bizarre ouvrage,
Donne de l'encensoir au travers du visage ;
Va louer Monterey d'Oudenarde forcé,
Ou vante aux électeurs Turenne repoussé.
Tout éloge imposteur blesse une âme sincère.
Si, pour faire sa cour à ton illustre père,
Seignelay, quelqu'auteur, d'un faux zèle emporté,
Au lieu de peindre en lui la noble activité,
La solide vertu, la vaste intelligence,
Le zèle pour son roi, l'ardeur, la vigilance,
La constante équité, l'amour pour les beaux-arts,
Lui donnait les vertus d'Alexandre ou de Mars ;
Et, pouvant justement l'égaler à Mécène,
Le comparait au fils de Pélée et d'Alcmène ;
Ses yeux, d'un tel discours faiblement éblouis,
Bientôt dans ce tableau reconnaîtraient Louis,
Et, glaçant d'un regard la muse et le poète,
Imposeraient silence à sa verve indiscrète.
Un cœur noble est content de ce qu'il trouve en lui
Et ne s'applaudit point des qualités d'autrui.
Que me sert en effet qu'un admirateur fade
Vante mon embonpoint, si je me sens malade,
Si, dans cet instant même, un feu séditieux
Fait bouillonner mon sang et pétiller mes yeux ?
Rien n'est beau que le vrai : le vrai seul est aimable ;
Il doit régner partout, et même dans la fable ;
De toute fiction l'adroite fausseté
Ne tend qu'à faire aux yeux briller la vérité.
    Sais-tu pourquoi mes vers sont lus dans les provinces,
Sont recherchés du peuple et reçus chez les princes ?

Ce n'est pas que leurs sons, agréables, nombreux,
Soient toujours à l'oreille également heureux,
Qu'en plus d'un lieu le sens n'y gêne la mesure,
Et qu'un mot quelquefois n'y brave la césure,
Mais c'est qu'en eux le vrai, du mensonge vainqueur,
Partout se montre aux yeux, et va saisir le cœur;
Que le bien et le mal y sont prisés au juste;
Que jamais un faquin n'y tint un rang auguste;
Et que mon cœur, toujours conduisant mon esprit,
Ne dit rien aux lecteurs qu'à soi-même il n'ait dit.
Ma pensée au grand jour partout s'offre et s'expose,
Et mon vers, bien ou mal, dit toujours quelque chose.
C'est par là quelquefois que ma rime surprend.
C'est là ce que n'ont point Jonas ni Childebrand,
Ni tous ces vains amas de frivoles sornettes,
Montre, miroir d'amours, amitiés, amourettes,
Dont le titre souvent est l'unique soutien,
Et qui, parlant beaucoup, ne disent jamais rien.
      Mais peut-être, enivré des vapeurs de ma muse,
Moi-même en ma faveur, Seignelay, je m'abuse.
Cessons de nous flatter : il n'est esprit si droit
Qui ne soit imposteur et faux par quelqu'endroit.
Sans cesse on prend le masque, et, quittant la nature,
On craint de se montrer sous sa propre figure.
Par là le plus sincère assez souvent déplaît;
Rarement un esprit ose être ce qu'il est.
Vois-tu cet importun que tout le monde évite,
Cet homme à toujours fuir, qui jamais ne vous quitte?
Il n'est pas sans esprit; mais, né triste et pesant,
Il veut être folâtre, évaporé, plaisant :
Il s'est fait de sa joie une loi nécessaire,
Et ne déplaît enfin que pour vouloir trop plaire.
La simplicité plaît sans étude et sans art...
Tout charme en un enfant, dont la langue sans fard,
A peine du filet encor débarrassée,
Sait d'un air innocent bégayer sa pensée.

Le faux est toujours fade, ennuyeux, languissant,
Mais la nature est vraie, et d'abord on la sent.
C'est elle seule en tout qu'on admire et qu'on aime;
Un esprit né chagrin plaît par son chagrin même.
Chacun, pris dans son air, est agréable en soi;
Ce n'est que l'air d'autrui qui peut déplaire en moi.
　　Ce marquis était né doux, commode, agréable;
On vantait en tous lieux son ignorance aimable.
Mais, depuis quelques mois, devenu grand docteur,
Il a pris un faux air, une sotte hauteur :
Il ne veut plus parler que de rime et de prose:
Des auteurs décriés il prend en main la cause ;
Il rit du mauvais goût de tant d'hommes divers,
Et va voir l'opéra seulement pour les vers.
Voulant se redresser, soi-même on s'estropie,
Et d'un original on fait une copie.
L'ignorance vaut mieux qu'un savoir affecté.
Rien n'est beau, je reviens, que par la vérité.
C'est par elle qu'on plaît, et qu'on peut long-temps plaire
L'esprit lasse aisément si le cœur n'est sincère.
En vain, par sa grimace, un bouffon odieux
A table nous fait rire et divertit nos yeux;
Ses bons mots ont besoin de farine et de plâtre :
Prenez-le tête à tête, ôtez-lui son théâtre,
Ce n'est plus qu'un cœur bas, un coquin ténébreux;
Son visage essuyé n'a plus rien que d'affreux.
J'aime un esprit aisé, qui se montre, qui s'ouvre,
Et qui plaît d'autant plus que plus il se découvre.
Mais la seule vertu peut souffrir la clarté:
Le vice, toujours sombre, aime l'obscurité;
Pour paraître au grand jour, il faut qu'il se déguise;
C'est lui qui de nos mœurs a banni la franchise.
　　Jadis l'homme vivait au travail occupé,
Et, ne trompant jamais, n'était jamais trompé.
On ne connaissait point la ruse et l'imposture :
Le Normand même alors ignorait le parjure.

Aucun rhéteur encore, arrangeant les discours,
N'avait d'un art menteur enseigné les détours.
Mais sitôt qu'aux humains, faciles à séduire,
L'abondance eut donné le loisir de se nuire,
La mollesse amena la fausse vanité;
Chacun chercha pour plaire un visage emprunté.
Pour éblouir les yeux, la fortune arrogante
Affecta d'étaler une pompe insolente :
L'or éclata partout sur les riches habits;
On polit l'émeraude, on tailla le rubis ;
Et la laine et la soie en cent façons nouvelles
Apprirent à quitter leurs couleurs naturelles.
La trop courte beauté monta sur des patins ;
La coquette tendit ses lacs tous les matins,
Et, mettant la céruse et le plâtre en usage,
Composa de sa main les fleurs de son visage;
L'ardeur de s'enrichir chassa la bonne foi ;
Le courtisan n'eut plus de sentiments à soi.
Tout ne fut plus que fard, qu'erreur, que tromperie;
On vit partout régner la basse flatterie.
Le Parnasse surtout, fécond en imposteurs,
Diffama le papier par ses propos menteurs.
De là vint cet amas d'ouvrages mercenaires,
Stances, odes, sonnets, épîtres liminaires,
Où toujours le héros passe pour sans pareil,
Et, fût-il louche et borgne, est réputé soleil.
    Ne crois pas toutefois, sur ce discours bizarre,
Que, d'un frivole encens malignement avare,
J'en veuille sans raison frustrer tout l'univers.
La louange agréable est l'âme des beaux vers ;
Mais je tiens, comme toi, qu'il faut qu'elle soit vraie,
Et que son tour adroit n'ait rien qui nous effraye.
Alors, comme j'ai dit, tu la sais écouter,
Et sans crainte à tes yeux on pourrait t'exalter.
Mais, sans t'aller chercher des vertus dans les nues,
Il faudrait peindre en toi des vérités connues;

5

Décrire ton esprit ami de la raison ;
Ton ardeur pour ton roi puisée en ta maison ;
A servir ses desseins ta vigilance heureuse ;
Ta probité sincère, utile, officieuse.
Tel qui hait à se voir peint en de faux portraits
Sans chagrin voit tracer ses véritables traits.
Condé même, Condé, ce héros formidable,
Et, non moins qu'aux Flamands, aux flatteurs redoutable,
Ne s'offenserait pas si quelqu'adroit pinceau
Traçait de ses exploits le fidèle tableau,
Et, dans Senef en feu contemplant sa peinture,
Ne désavouerait pas Malherbe ni Voiture.
Mais malheur au poète insipide, odieux,
Qui viendrait le glacer d'un éloge ennuyeux.
Il aurait beau crier : *Premier Prince du monde,*
Courage sans pareil, lumière sans seconde !
Ses vers, jetés d'abord sans tourner le feuillet,
Iraient dans l'antichambre amuser Pacolet.

DIXIÈME ÉPITRE.

A MES VERS.

(1695 — 59)

J'ai beau vous arrêter, ma remontrance est vaine,
Allez, partez, mes Vers, dernier fruit de ma veine.
C'est trop languir chez moi dans un obscur séjour ;
La prison vous déplaît, vous cherchez le grand jour ;
Et déjà chez Barbin, ambitieux libelles,
Vous brûlez d'étaler vos feuilles criminelles.
Vains et faibles enfants, dans ma vieillesse nés,
Vous croyez, sur les pas de vos heureux aînés,
Voir bientôt vos bons mots, passant du peuple aux princes

Charmer également la ville et les provinces ;
Et, par le prompt effet d'un sel réjouissant,
Devenir quelquefois proverbes en naissant.
Mais perdez cette erreur dont l'appât vous amorce :
Le temps n'est plus, mes Vers, où ma muse en sa force,
Du Parnasse français formant les nourrissons,
De si riches couleurs habillait ses leçons ;
Quand mon esprit, poussé d'un courroux légitime,
Vint devant la raison plaider contre la rime ;
A tout le genre humain sut faire le procès,
Et s'attaqua soi-même avec tant de succès.
Alors il n'était point de lecteur si sauvage
Qui ne se déridât en lisant mon ouvrage,
Et qui, pour s'égayer, souvent dans ses discours,
D'un mot pris en mes vers n'empruntât le secours.
    Mais aujourd'hui qu'enfin la vieillesse venue,
Sous mes faux cheveux blonds déjà toute chenue,
A jeté sur ma tête, avec ses doigts pesants,
Onze lustres complets, surchargés de trois ans,
Cessez de présumer, dans vos folles pensées,
Mes Vers, de voir en foule à vos rimes glacées
Courir, l'argent en main, les lecteurs empressés.
Nos beaux jours sont finis, nos honneurs sont passés ;
Dans peu vous allez voir vos froides rêveries
Exciter du public les justes moqueries ;
Et leur auteur, jadis à Regnier préféré,
A Pinchêne, à Linière, à Perrin comparé.
Vous aurez beau crier : *O vieillesse ennemie !*
N'a-t-il donc tant vécu que pour cette infamie ?
Vous n'entendrez partout qu'injurieux brocards
Et sur vous et sur lui fondre de toutes parts.
    Que veut-il ? dira-t-on ; quelle fougue indiscrète
Ramène sur les rangs encor ce vain athlète ?
Quels pitoyables vers ! quel style languissant !
Malheureux, laisse en paix ton cheval vieillissant,
De peur que tout-à-coup, efflanqué, sans haleine,

Il ne laisse en tombant son maître sur l'arène.
Ainsi s'expliqueront nos censeurs sourcilleux.
Et bientôt vous verrez mille auteurs pointilleux,
Pièce à pièce épluchant vos sons et vos paroles,
Interdire chez vous l'entrée aux hyperboles ;
Traiter tout noble mot de terme hasardeux,
Et dans tous vos discours, comme monstres hideux,
Huer la métaphore et la métonymie,
Grands mots que Pradon croit des termes de chimie ;
Vous soutenir qu'un lit ne peut être effronté ;
Que nommer la luxure est une impureté.
En vain contre ce flot d'aversion publique
Vous tiendrez quelque temps ferme sur la boutique ;
Vous irez à la fin, honteusement exclus,
Trouver au magasin Pyrame et Régulus,
Ou couvrir chez Thierry, d'une feuille encor neuve,
Les méditations de Buzée et d'Hayneuve ;
Puis, en tristes lambeaux semés dans les marchés,
Souffrir tous les affronts au Jonas reprochés.
    Mais quoi ! de ces discours bravant la vaine attaque,
Déjà, comme les vers de Cinna, d'Andromaque,
Vous croyez à grands pas chez la postérité
Courir, marqués au coin de l'immortalité !
Hé bien ! contentez donc l'orgueil qui vous enivre ;
Montrez-vous, j'y consens ; mais du moins, dans mon livre,
Commencez par vous joindre à mes premiers écrits.
C'est là qu'à la faveur de vos frères chéris,
Peut-être enfin soufferts comme enfants de ma plume,
Vous pourrez vous sauver, épars dans le volume.
Que si même un jour le lecteur gracieux,
Amorcé par mon nom, sur vous tourne les yeux,
Pour m'en récompenser, mes Vers, avec usure,
De votre auteur alors faites-lui la peinture :
Et surtout, prenez soin d'effacer bien les traits
Dont tant de peintres faux ont flétri mes portraits.
Déposez hardiment qu'au fond cet homme horrible,

Ce censeur qu'ils ont peint si noir et si terrible,
Fut un esprit doux, simple, ami de l'équité,
Qui, cherchant dans ses vers la seule vérité,
Fit, sans être malin, ses plus grandes malices,
Et qu'enfin sa candeur seule a fait tous ses vices.
Dites que, harcelé par les plus vils rimeurs,
Jamais, blessant leurs vers, il n'effleura leurs mœurs :
Libre dans ses discours, mais pourtant toujours sage,
Assez faible de corps, assez doux de visage,
Ni petit, ni trop grand, très-peu voluptueux,
Ami de la vertu plutôt que vertueux.
    Que si quelqu'un, mes Vers, alors vous importune
Pour savoir mes parents, ma vie et ma fortune,
Contez-lui qu'allié d'assez hauts magistrats,
Fils d'un père greffier, né d'aïeux avocats,
Dès le berceau perdant une fort jeune mère,
Réduit, seize ans après, à pleurer mon vieux père,
J'allai d'un pas hardi, par moi-même guidé,
Et de mon seul génie en marchant secondé,
Studieux amateur et de Perse et d'Horace,
Assez près de Regnier m'asseoir sur le Parnasse;
Que, par un coup du sort au grand jour amené,
Et des bords du Permesse à la cour entraîné,
Je sus, prenant l'essor par des routes nouvelles,
Élever assez haut mes poétiques ailes;
Que ce roi dont le nom fait trembler tant de rois
Voulut bien que ma main crayonnât ses exploits;
Que plus d'un grand m'aima jusques à la tendresse;
Que ma vue à Colbert inspirait l'allégresse;
Qu'aujourd'hui même encor, de deux sens affaibli,
Retiré de la cour, et non mis en oubli,
Plus d'un héros, épris des fruits de mon étude,
Vient quelquefois chez moi goûter la solitude.
    Mais des heureux regards de mon astre étonnant
Marquez bien cet effet encor plus surprenant,
Qui dans mon souvenir aura toujours sa place :

Que de tant d'écrivains de l'école d'Ignace
Étant, comme je suis, ami si déclaré,
Ce docteur toutefois si craint, si révéré,
Qui contre eux de sa plume épuisa l'énergie,
Arnauld, le grand Arnauld, fit mon apologie.
Sur mon tombeau futur, mes Vers, pour l'énoncer,
Courez en lettres d'or de ce pas vous placer :
Allez, jusqu'où l'aurore en naissant voit l'Hydaspe,
Chercher, pour l'y graver, le plus précieux jaspe.
Surtout à mes rivaux sachez bien l'étaler.
    Mais je vous retiens trop. C'est assez vous parler.
Déjà, plein du beau feu qui pour vous le transporte,
Barbin impatient chez moi frappe à la porte :
Il vient pour vous chercher. C'est lui; j'entends sa voix.
Adieu, mes Vers, adieu, pour la dernière fois.

ONZIÈME ÉPITRE.

A MON JARDINIER.

(1695 — 59)

    Laborieux valet du plus commode maître
Qui pour te rendre heureux ici-bas pouvait naître,
Antoine, gouverneur de mon jardin d'Auteuil,
Qui diriges chez moi l'if et le chèvrefeuil,
Et sur mes espaliers, industrieux génie,
Sais si bien exercer l'art de La Quintinie ;
Oh! que de mon esprit triste et mal ordonné,
Ainsi que de ce champ par toi si bien orné,
Ne puis-je faire ôter les ronces, les épines,
Et des défauts sans nombre arracher les racines !
    Mais parle : raisonnons. Quand, du matin au soir,
Chez moi poussant la bêche ou portant l'arrosoir,

Tu fais d'un sable aride une terre fertile,
Et rends tout mon jardin à tes lois si docile ;
Que dis-tu de m'y voir rêveur, capricieux,
Tantôt baissant le front, tantôt levant les yeux,
De paroles en l'air par élans envolées
Effrayer les oiseaux perchés dans mes allées?
Ne soupçonnes-tu point qu'agité du démon,
Ainsi que ce cousin des quatre fils Aimon,
Dont tu lis quelquefois la merveilleuse histoire,
Je rumine, en marchant, quelqu'endroit du grimoire ?
Mais non : tu te souviens qu'au village on t'a dit
Que ton maître est nommé pour coucher par écrit
Les faits d'un roi plus grand en sagesse, en vaillance,
Que Charlemagne aidé des douze pairs de France.
Tu crois qu'il y travaille, et qu'au long de ce mur
Peut-être en ce moment il prend Mons et Namur.

Que penserais-tu donc si l'on t'allait apprendre
Que ce grand chroniqueur des gestes d'Alexandre,
Aujourd'hui méditant un projet tout nouveau,
S'agite, se démène, et s'use le cerveau.
Pour te faire à toi-même en rimes insensées
Un bizarre portrait de ses folles pensées?
Mon maître, dirais-tu, passe pour un docteur,
Et parle quelquefois mieux qu'un prédicateur.
Sous ces arbres pourtant, de si vaines sornettes
Il n'irait point troubler la paix de ces fauvettes,
S'il lui fallait toujours, comme moi, s'exercer,
Labourer, couper, tondre, aplanir, palisser,
Et, dans l'eau de ces puits sans relâche tirée,
De ce sable étancher la soif démesurée.

Antoine, de nous deux tu crois donc, je le vois,
Que le plus occupé dans ce jardin, c'est toi.
Oh ! que tu changerais d'avis et de langage
Si, deux jours seulement, libre du jardinage,
Tout à coup devenu poète et bel esprit,
Tu t'allais engager à polir un écrit

Qui dît, sans s'avilir, les plus petites choses ;
Fît des plus secs chardons des œillets et des roses ;
Et sût même aux discours de la rusticité
Donner de l'élégance et de la dignité ;
Un ouvrage, en un mot, qui, juste en tous ses termes,
Sût plaire à d'Aguesseau, sût satisfaire Termes ;
Sût, dis-je, contenter, en paraissant au jour,
Ce qu'ont d'esprits plus fins et la ville et la cour !
Bientôt, de ce travail revenu sec et pâle,
Et le teint plus jauni que de vingt ans de hâle,
Tu dirais, reprenant ta pelle et ton râteau :
J'aime mieux mettre encor cent arpents au niveau,
Que d'aller follement, égaré dans les nues,
Me lasser à chercher des visions cornues,
Et, pour lier des mots si mal s'entr'accordants,
Prendre, dans ce jardin, la lune avec les dents.
    Approche donc et viens ; qu'un paresseux t'apprenne,
Antoine, ce que c'est que fatigue et que peine.
L'homme ici-bas, toujours inquiet et gêné,
Est, dans le repos même, au travail condamné.
La fatigue l'y suit. C'est en vain qu'aux poètes
Les neuf trompeuses sœurs dans leurs douces retraites
Promettent du repos sous leurs ombrages frais :
Dans ces tranquilles bois pour eux plantés exprès,
La cadence aussitôt, la rime, la césure,
La riche expression, la nombreuse mesure,
Sorcières dont l'amour sait d'abord les charmer,
De fatigues sans fin viennent les consumer.
Sans cesse poursuivant ces fugitives fées,
On voit sous les lauriers haleter les Orphées.
Leur esprit toutefois se plaît en son tourment,
Et se fait de sa peine un noble amusement.
Mais je ne trouve point de fatigue si rude
Que l'ennuyeux loisir d'un mortel sans étude,
Qui, jamais ne sortant de sa stupidité,
Soutient, dans les langueurs de son oisiveté,

D'une lâche indolence esclave volontaire,
Le pénible fardeau de n'avoir rien à faire.
Vainement offusqué de ses pensers épais,
Loin du trouble et du bruit il croit trouver la paix :
Dans le calme odieux de sa sombre paresse,
Tous les honteux plaisirs, enfants de la mollesse,
Usurpant sur son âme un absolu pouvoir,
De monstrueux désirs le viennent émouvoir,
Irritent de ses sens la fureur endormie,
Et le font le jouet de leur triste infamie,
Puis sur leurs pas soudain arrivent les remords :
Et bientôt avec eux tous les fléaux du corps,
La pierre, la colique, et les gouttes cruelles :
Guénaud, Rainssant, Brayer, presque aussi tristes qu'elles,
Chez l'indigne mortel courent tous s'assembler,
De travaux douloureux le viennent accabler ;
Sur le duvet d'un lit, théâtre de ses gênes,
Lui font scier des rocs, lui font fendre des chênes,
Et le mettent au point d'envier ton emploi.
Reconnais donc, Antoine, et conclus avec moi
Que la pauvreté mâle, active et vigilante,
Est, parmi les travaux, moins lasse et plus contente
Que la richesse oisive au sein des voluptés;
    Je te vais sur cela prouver deux vérités;
L'une, que le travail, aux hommes nécessaire,
Fait leur félicité plutôt que leur misère;
Et l'autre, qu'il n'est point de coupable en repos.
C'est ce qu'il faut ici montrer en peu de mots.
Suis-moi donc. Mais je vois, sur ce début de prône,
Que ta bouche déjà s'ouvre large d'une aune,
Et que, les yeux fermés, tu baisses le menton.
Ma foi, le plus sûr est de finir ce sermon ;
Aussi bien j'aperçois ces melons qui t'attendent,
Et ces fleurs qui là-bas entr'elles se demandent
S'il est fête au village, et pour quel saint nouveau
On les laisse aujourd'hui si long-temps manquer d'eau.

5.

ART POÉTIQUE.

ART POÉTIQUE.

PREMIER CHANT.

C'est en vain qu'au Parnasse un téméraire auteur
Pense de l'art des vers atteindre la hauteur :
S'il ne sent point du ciel l'influence secrète,
Si son astre en naissant ne l'a formé poète,
Dans son génie étroit il est toujours captif ;
Pour lui Phébus est sourd, et Pégase est rétif.
O vous donc qui, brûlant d'une ardeur périlleuse,
Courez du bel esprit la carrière épineuse,
N'allez pas sur des vers sans fruit vous consumer,
Ni prendre pour génie un amour de rimer :
Craignez d'un vain plaisir les trompeuses amorces,
Et consultez long-temps votre esprit et vos forces.
La Nature, fertile en esprits excellents,
Sait entre les auteurs partager les talents :
L'un peut tracer en vers une amoureuse flamme ;
L'autre, d'un trait plaisant aiguiser l'épigramme :
Malherbe d'un héros peut vanter les exploits ;
Racan chanter Philis, les bergers et les bois.
Mais souvent un esprit qui se flatte et qui s'aime
Méconnaît son génie, et s'ignore soi-même.
Ainsi tel, autrefois qu'on vit avec Faret
Charbonner de ses vers les murs d'un cabaret,
S'en va, mal-à-propos, d'une voix insolente,
Chanter du peuple hébreu la fuite triomphante ;
Et, poursuivant Moïse au travers des déserts,
Court avec Pharaon se noyer dans les mers.
Quelque sujet qu'on traite, ou plaisant ou sublime,
Que toujours le bon sens s'accorde avec la rime :

L'un l'autre vainement ils semblent se haïr ;
La rime est une esclave, et ne doit qu'obéir.
Lorsqu'à la bien chercher d'abord on s'évertue,
L'esprit à la trouver aisément s'habitue ;
Au joug de la raison sans peine elle fléchit,
Et, loin de la gêner, la sert et l'enrichit.
Mais lorsqu'on la néglige, elle devient rebelle ;
Et, pour la rattraper, le sens court après elle.
Aimez donc la raison : que toujours vos écrits
Empruntent d'elle seule et leur lustre et leur prix.

 La plupart, emportés d'une fougue insensée,
Toujours loin du droit sens vont chercher leur pensée ;
Ils croiraient s'abaisser dans leurs vers monstrueux,
S'ils pensaient ce qu'un autre a pu penser comme eux.
Évitons ces excès : laissons à l'Italie
De tous ces faux brillants l'éclatante folie.
Tout doit tendre au bon sens : mais pour y parvenir
Le chemin est glissant et pénible à tenir ;
Pour peu qu'on s'en écarte, aussitôt on se noie.
La raison pour marcher n'a souvent qu'une voie.

 Un auteur quelquefois trop plein de son objet
Jamais sans l'épuiser n'abandonne un sujet.
S'il rencontre un palais, il m'en dépeint la face ;
Il me promène après de terrasse en terrasse ;
Ici s'offre un perron ; là règne un corridor ;
Là ce balcon s'enferme en un balustre d'or.
Il compte des plafonds les ronds et les ovales ;
Ce ne sont que festons, ce ne sont qu'astragales.
Je saute vingt feuillets pour en trouver la fin.
Et je me sauve à peine au travers du jardin.
Fuyez de ces auteurs l'abondance stérile ;
Et ne vous chargez point d'un détail inutile.
Tout ce qu'on dit de trop est fade et rebutant ;
L'esprit rassasié le rejette à l'instant.
Qui ne sait se borner, ne sut jamais écrire.
Souvent la peur d'un mal nous conduit dans un pire.

Un vers était trop faible ; et vous le rendez dur :
J'évite d'être long ; et je deviens obscur :
L'un n'est point trop fardé ; mais sa muse est trop nue :
L'autre a peur de ramper ; il se perd dans la nue.
Voulez-vous du public mériter les amours ?
Sans cesse en écrivant variez vos discours.
Un style trop égal et toujours uniforme
En vain brille à nos yeux : il faut qu'il nous endorme.
On lit peu ces auteurs, nés pour nous ennuyer,
Qui toujours sur un ton semblent psalmodier.

Heureux qui, dans ses vers, sait d'une voix légère
Passer du grave au doux, du plaisant au sévère !
Son livre, aimé du ciel et chéri des lecteurs,
Est souvent chez Barbin entouré d'acheteurs.

Quoi que vous écriviez, évitez la bassesse :
Le style le moins noble a pourtant sa noblesse.
Au mépris du bon sens, le burlesque effronté
Trompa les yeux d'abord, plut par sa nouveauté :
On ne vit plus en vers que pointes triviales ;
Le Parnasse parla le langage des halles :
La licence à rimer alors n'eut plus de frein ;
Apollon travesti devint un Tabarin.
Cette contagion infecta les provinces,
Du clerc et du bourgeois passa jusques aux princes :
Le plus mauvais plaisant eut ses approbateurs ;
Et jusqu'à d'Assouci, tout trouva des lecteurs.
Mais de ce style enfin la cour désabusée
Dédaigna de ces vers l'extravagance aisée,
Distingua le naïf du plat et du bouffon,
Et laissa la province admirer le Typhon.
Que ce style jamais ne souille votre ouvrage.
Imitons de Marot l'élégant badinage,
Et laissons le burlesque aux plaisants du Pont-Neuf.

Mais n'allez point aussi, sur les pas de Brébeuf,
Même en une Pharsale, entasser sur les rives
De morts et de mourants cent montagnes plaintives.

Prenez mieux votre ton. Soyez simple avec art,
Sublime sans orgueil, agréable sans fard.
  N'offrez rien au lecteur que ce qui peut lui plaire.
Ayez pour la cadence une oreille sévère :
Que toujours dans vos vers le sens coupant les mots,
Suspende l'hémistiche, en marque le repos.
  Gardez qu'une voyelle à courir trop hâtée
Ne soit d'une voyelle en son chemin heurtée.
  Il est un heureux choix de mots harmonieux.
Fuyez des mauvais sons le concours odieux :
Le vers le mieux rempli, la plus noble pensée,
Ne peut plaire à l'esprit quand l'oreille est blessée.
  Durant les premiers ans du Parnasse français,
Le caprice tout seul faisait toutes les lois.
La rime, au bout des mots assemblés sans mesure,
Tenait lieu d'ornements, de nombre et de césure.
Villon sut le premier, dans ces siècles grossiers,
Débrouiller l'art confus de nos vieux romanciers.
Marot, bientôt après, fit fleurir les ballades,
Tourna des triolets, rima des mascarades,
A des refrains réglés asservit les rondeaux,
Et montra pour rimer des chemins tout nouveaux.
Ronsard, qui le suivit, par une autre méthode
Réglant tout, brouilla tout, fit un art à sa mode,
Et toutefois long-temps eut un heureux destin.
Mais sa muse, en français parlant grec et latin,
Vit dans l'âge suivant, par un retour grotesque,
Tomber de ses grands mots le faste pédantesque.
Ce poète orgueilleux, trébuché de si haut,
Rendit plus retenus Desportes et Bertaut.
Enfin Malherbe vint, et, le premier en France,
Fit sentir dans les vers une juste cadence,
D'un mot mis en sa place enseigna le pouvoir,
Et réduisit la muse aux règles du devoir.
Par ce sage écrivain la langue réparée
N'offrit plus rien de rude à l'oreille épurée.

Les stances avec grâce apprirent à tomber,
Et le vers sur le vers n'osa plus enjamber.
Tout reconnut ses lois ; et ce guide fidèle
Aux auteurs de ce temps sert encor de modèle.
Marchez donc sur ses pas; aimez sa pureté,
Et de son tour heureux imitez la clarté.
Si le sens de vos vers tarde à se faire entendre,
Mon esprit aussitôt commence à se détendre ;
Et, de vos vains discours prompt à se détacher,
Ne suit point un auteur qu'il faut toujours chercher.
    Il est certains esprits dont les sombres pensées
Sont d'un nuage épais toujours embarrassées ;
Le jour de la raison ne le saurait percer.
Avant donc que d'écrire, apprenez à penser.
Selon que notre idée est plus ou moins obscure,
L'expression la suit, ou moins nette, ou plus pure.
Ce que l'on conçoit bien, s'énonce clairement,
Et les mots pour le dire arrivent aisément.
    Surtout qu'en vos écrits la langue révérée
Dans vos plus grands excès vous soit toujours sacrée.
En vain vous me frappez d'un son mélodieux,
Si le terme est impropre, ou le tour vicieux :
Mon esprit n'admet point un pompeux barbarisme,
Ni d'un vers ampoulé l'orgueilleux solécisme.
Sans la langue, en un mot, l'auteur le plus divin
Est toujours, quoi qu'il fasse, un méchant écrivain.
    Travaillez à loisir, quelque ordre qui vous presse,
Et ne vous piquez point d'une folle vitesse :
Un style si rapide, et qui court en rimant,
Marque moins trop d'esprit que peu de jugement.
J'aime mieux un ruisseau qui, sur la molle arène,
Dans un pré plein de fleurs lentement se promène,
Qu'un torrent débordé qui d'un cours orageux
Roule, plein de gravier, sur un terrain fangeux.
Hâtez-vous lentement, et, sans perdre courage,
Vingt fois sur le métier remettez votre ouvrage :

Polissez-le sans cesse et le repolissez ;
Ajoutez quelquefois, et souvent effacez.
   C'est peu qu'en un ouvrage où les fautes fourmillent
Des traits d'esprit semés de temps en temps pétillent :
Il faut que chaque chose y soit mise en son lieu ;
Que le début, la fin, répondent au milieu ;
Que d'un art délicat les pièces assorties
N'y forment qu'un seul tout de diverses parties ;
Que jamais du sujet le discours s'écartant
N'aille chercher trop loin quelque mot éclatant.
   Craignez-vous pour vos vers la censure publique ?
Soyez-vous à vous-même un sévère critique :
L'ignorance toujours est prête à s'admirer.
   Faites-vous des amis prompts à vous censurer ;
Qu'ils soient de vos écrits les confidents sincères,
Et de tous vos défauts les zélés adversaires.
Dépouillez devant eux l'arrogance d'auteur ;
Mais sachez de l'ami discerner le flatteur.
Tel vous semble applaudir, qui vous raille et vous joue.
Aimez qu'on vous conseille, et non pas qu'on vous loue.
   Un flatteur aussitôt cherche à se récrier :
Chaque vers qu'il entend le fait extasier.
Tout est charmant, divin ; aucun mot ne le blesse ;
Il trépigne de joie, il pleure de tendresse
Il vous comble partout d'éloges fastueux.
La vérité n'a point cet air impétueux.
   Un sage ami, toujours rigoureux, inflexible,
Sur vos fautes jamais ne vous laisse paisible.
Il ne pardonne point les endroits négligés ;
Il renvoie en leur lieu les vers mal arrangés ;
Il réprime des mots l'ambitieuse emphase ;
Ici le sens le choque, et plus loin c'est la phrase ;
Votre construction semble un peu s'obscurcir ;
Ce terme est équivoque ; il le faut éclaircir.
C'est ainsi que vous parle un ami véritable.
Mais souvent sur ses vers un auteur intraitable

A les protéger tous se croit intéressé,
Et d'abord prend en main le droit de l'offensé.
De ce vers, direz-vous, l'expression est basse. —
Ah ! Monsieur, pour ce vers je vous demande grâce,
Répondra-t-il d'abord. — Ce mot me semble froid ;
Je le retrancherais. — C'est le plus bel endroit. —
Ce tour ne me plaît pas. —Tout le monde l'admire.
    Ainsi, toujours constant à ne point se dédire
Qu'un mot dans son ouvrage ait paru vous blesser,
C'est un titre chez lui pour ne point l'effacer.
Cependant, à l'entendre, il chérit la critique :
Vous avez sur ses vers un pouvoir despotique.
Mais tout ce beau discours dont il vient vous flatter
N'est rien qu'un piége adroit pour vous les réciter.
Aussitôt il vous quitte, et, content de sa muse,
S'en va chercher ailleurs quelque fat qu'il abuse :
Car souvent il en trouve. Ainsi qu'en sots auteurs,
Notre siècle est fertile en sots admirateurs ;
Et, sans ceux que fournit la ville et la province,
Il en est chez le duc, il en est chez le prince.
L'ouvrage le plus plat a, chez les courtisans,
De tout temps rencontré de zélés partisans ;
Et, pour finir enfin par un trait de satire,
Un sot trouve toujours un plus sot qui l'admire.

DEUXIÈME CHANT.

Telle qu'une bergère, au plus beau jour de fête,
De superbes rubis ne charge point sa tête,
Et, sans mêler à l'or l'éclat des diamants,
Cueille en un champ voisin ses plus beaux ornements :
Telle, aimable en son air, mais humble dans son style,
Doit éclater sans pompe une élégante idylle.

Son tour simple et naïf n'a rien de fastueux,
Et n'aime point l'orgueil d'un vers présomptueux.
Il faut que sa douceur flatte, chatouille, éveille,
Et jamais de grands mots n'épouvante l'oreille.

    Mais souvent dans ce style un rimeur aux abois
Jette là, de dépit, la flûte et le hautbois ;
Et, follement pompeux, dans sa verve indiscrète,
Au milieu d'une églogue entonne la trompette.
De peur de l'écouter, Pan fuit dans les roseaux ;
Et les nymphes, d'effroi, se cachent sous les eaux.

    Au contraire cet autre, abject en son langage,
Fait parler ses bergers comme on parle au village.
Ses vers plats et grossiers, dépouillés d'agrément,
Toujours baisent la terre, et rampent tristement :
On dirait que Ronsard, sur ses *pipeaux rustiques,*
Vient encore fredonner ses idylles gothiques ,
Et changer, sans respect de l'oreille et du son,
Lycidas en Pierrot, et Phylis en Toinon.

    Entre ces deux excès, la route est difficile.
Suivez, pour la trouver, Théocrite et Virgile.
Que leurs tendres écrits, par les Grâces dictés,
Ne quittent point vos mains, jour et nuit feuilletés.
Seuls , dans leurs doctes vers, ils pourront vous apprendre
Par quel art, sans bassesse, un auteur peut descendre ;
Chanter Flore, les champs, Pomone, les vergers ;
Au combat de la flûte animer deux bergers ;
Des plaisirs de l'amour vanter la douce amorce ;
Changer Narcisse en fleur, couvrir Daphné d'écorce ;
Et par quel art encor l'églogue quelquefois
Rend dignes d'un consul la campagne et les bois.
Telle est de ce poème et la force et la grâce.

    D'un ton un peu plus haut, mais pourtant sans audace,
La plaintive élégie, en longs habits de deuil,
Sait, les cheveux épars, gémir sur un cercueil.
Elle peint des amants la joie et la tristesse ;
Flatte, menace, irrite, apaise une maîtresse.

Mais, pour bien exprimer ces caprices heureux,
C'est peu d'être poète, il faut être amoureux.

Je hais ces vains auteurs dont la muse forcée
M'entretient de ses feux, toujours froide et glacée;
Qui s'affligent par art, et, fous de sens rassis,
S'érigent, pour rimer, en amoureux transis.
Leurs transports les plus doux ne sont que phrases vaines;
Ils ne savent jamais que se charger de chaînes,
Que bénir leur martyre, adorer leur prison,
Et faire quereller le sens et la raison.
Ce n'était pas jadis sur ce ton ridicule
Qu'Amour dictait les vers que soupirait Tibulle,
Ou que, du tendre Ovide animant les doux sons,
Il donnait de son art les charmantes leçons.
Il faut que le cœur seul parle dans l'élégie.

L'ode, avec plus d'éclat et non moins d'énergie,
Élevant jusqu'au ciel son vol ambitieux,
Entretient dans ses vers commerce avec les dieux;
Aux athlètes dans Pise elle ouvre la barrière;
Chante un vainqueur poudreux au bout de la carrière
Mène Achille sanglant aux bords du Simoïs,
Ou fait fléchir l'Escaut sous le joug de Louis.
Tantôt, comme une abeille ardente à son ouvrage,
Elle s'en va de fleurs dépouiller le rivage ;
Elle peint les festins, les danses et les ris;
Vante un baiser cueilli sur les lèvres d'Iris,
Qui mollement résiste, et, par un doux caprice,
Quelquefois le refuse, afin qu'on le ravisse.
Son style impétueux souvent marche au hasard;
Chez elle un beau désordre est un effet de l'art.

Loin ces rimeurs craintifs dont l'esprit flegmatique
Garde dans ses fureurs un ordre didactique;
Qui, chantant d'un héros les progrès éclatants,
Maigres historiens, suivront l'ordre des temps.
Ils n'osent un moment perdre un sujet de vue :
Pour prendre Dôle, il faut que Lille soit rendue ;

Et que leur vers exact, ainsi que Mézeray,
Ait fait déjà tomber les remparts de Courtray.
Apollon de son feu leur fut toujours avare.
   On dit, à ce propos, qu'un jour ce dieu bizarre,
Voulant pousser à bout tous les rimeurs français,
Inventa du sonnet les rigoureuses lois,
Voulut qu'en deux quatrains de mesure pareille
La rime avec deux sons frappât huit fois l'oreille;
Et qu'ensuite, six vers artistement rangés
Fussent en deux tercets par le sens partagés.
Surtout de ce poème il bannit la licence :
Lui-même en mesura le nombre et la cadence;
Défendit qu'un vers faible y pût jamais entrer,
Ni qu'un mot déjà mis osât s'y remontrer.
Du reste il l'enrichit d'une beauté suprême :
Un sonnet sans défaut vaut seul un long poème.
Mais en vain mille auteurs y pensent arriver;
Et cet heureux phénix est encore à trouver.
A peine dans Gombaut, Mainard et Malleville,
En peut-on admirer deux ou trois entre mille :
Le reste, aussi peu lu que ceux de Pelletier,
N'a fait, de chez Sercy, qu'un saut chez l'épicier.
Pour enfermer son sens dans la borne prescrite
La mesure est toujours trop longue ou trop petite.
   L'épigramme plus libre, en son tour plus borné,
N'est souvent qu'un bon mot de deux rimes orné.
Jadis de nos auteurs les pointes ignorées
Furent de l'Italie en nos vers attirées.
Le vulgaire, ébloui de leur faux agrément,
A ce nouvel appât courut avidement.
La faveur du public excitant leur audace,
Leur nombre impétueux inonda le Parnasse :
Le madrigal d'abord en fut enveloppé;
Le sonnet orgueilleux lui-même en fut frappé;
La tragédie en fit ses plus chères délices;
L'élégie en orna ses douloureux caprices;

Un héros sur la scène eut soin de s'en parer,
Et sans pointe un amant n'osa plus soupirer ;
On vit tous les bergers, dans leurs plaintes nouvelles,
Fidèles à la pointe encor plus qu'à leurs belles ;
Chaque mot eut toujours deux visages divers ;
La prose la reçut aussi bien que les vers ;
L'avocat au palais en hérissa son style,
Et le docteur en chaire en sema l'Évangile.
     La raison outragée enfin ouvrit les yeux,
La chassa pour jamais des discours sérieux ;
Et, dans tous ses écrits la déclarant infâme,
Par grâce lui laissa l'entrée en l'épigramme,
Pourvu que sa finesse, éclatant à propos,
Roulât sur la pensée et non pas sur les mots.
Ainsi de toutes parts les désordres cessèrent.
Toutefois à la cour les turlupins restèrent,
Insipides plaisants, bouffons infortunés,
D'un jeu de mots grossiers partisans surannés.
Ce n'est pas quelquefois qu'une muse un peu fine
Sur un mot, en passant, ne joue et ne badine,
Et d'un sens détourné n'abuse avec succès :
Mais fuyez sur ce point un ridicule excès ;
Et n'allez pas toujours d'une pointe frivole
Aiguiser par la queue une épigramme folle.
     Tout poème est brillant de sa propre beauté ;
Le rondeau, né gaulois, a la naïveté.
La ballade, asservie à ses vieilles maximes,
Souvent doit tout son lustre au caprice des rimes.
Le madrigal, plus simple et plus noble en son tour,
Respire la douceur, la tendresse et l'amour.
     L'ardeur de se montrer, et non pas de médire,
Arma la vérité du vers de la satire.
Lucile le premier osa la faire voir ;
Aux vices des Romains présenta le miroir ;
Vengea l'humble vertu de la richesse altière,
Et l'honnête homme à pied du faquin en litière.

Horace à cette aigreur mêla son enjouement :
On ne fut plus ni fat ni sot impunément ;
Et malheur à tout nom qui, propre à la censure,
Put entrer dans un vers sans rompre la mesure!
    Perse, en ses vers obscurs mais serrés et pressants,
Affecta d'enfermer moins de mots que de sens.
    Juvénal, élevé dans les cris de l'école,
Poussa jusqu'à l'excès sa mordante hyperbole.
Ses ouvrages, tout pleins d'affreuses vérités,
Étincellent pourtant de sublimes beautés :
Soit que sur un écrit arrivé de Caprée
Il brise de Séjan la statue adorée ;
Soit qu'il fasse au conseil courir les sénateurs,
D'un tyran soupçonneux pâles adulateurs ;
Ou que, poussant à bout la luxure latine,
Aux portefaix de Rome il vende Messaline,
Ses écrits pleins de feu partout brillent aux yeux.
    De ces maîtres savants disciple ingénieux,
Régnier, seul parmi nous formé sur leurs modèles,
Dans son vieux style encore a des grâces nouvelles.
Heureux si ses discours, craints du chaste lecteur,
Ne se sentaient des lieux où fréquentait l'auteur ;
Et si du son hardi de ses rimes cyniques
Il n'alarmait souvent les oreilles pudiques !
    Le latin, dans les mots, brave l'honnêteté :
Mais le lecteur français veut être respecté ;
Du moindre sens impur la liberté l'outrage,
Si la pudeur des mots n'en adoucit l'image.
Je veux dans la satire un esprit de candeur,
Et fuis un effronté qui prêche la pudeur.
    D'un trait de ce poème, en bons mots si fertile,
Le Français, né malin, forma le vaudeville ;
Agréable indiscret, qui, conduit par le chant,
Passe de bouche en bouche et s'accroît en marchant.
La liberté française en ses vers se déploie :
Cet enfant du plaisir veut naître dans la joie.

Toutefois n'allez pas, goguenard dangereux,
Faire Dieu le sujet d'un badinage affreux :
A la fin tous ces jeux, que l'athéisme élève,
Conduisent tristement le plaisant à la Grève. '
Il faut, même en chansons, du bons sens et de l'art ;
Mais pourtant on a vu le vin et le hasard
Inspirer quelquefois une muse grossière,
Et fournir, sans génie, un couplet à Linière.
Mais, pour un vain bonheur qui vous a fait rimer,
Gardez qu'un sot orgueil ne vous vienne enfumer.
Souvent l'auteur altier de quelque chansonnette
Au même instant prend droit de se croire poète :
Il ne dormira plus qu'il n'ait fait un sonnet ;
Il met tous les matins six impromptus au net.
Encore est-ce un miracle, en ses vagues furies,
Si bientôt, imprimant ses sottes rêveries,
Il ne se fait graver au-devant du recueil,
Couronné de lauriers , par la main de Nanteuil.

TROISIÈME CHANT.

Il n'est point de serpent, ni de monstre odieux,
Qui, par l'art imité, ne puisse plaire aux yeux :
D'un pinceau délicat l'artifice agréable
Du plus affreux objet fait un objet aimable.
Ainsi, pour nous charmer, la tragédie en pleurs
D'OEdipe tout sanglant fit parler les douleurs ;
D'Oreste parricide exprima les alarmes,
Et, pour nous divertir, nous arracha des larmes.
    Vous donc qui, d'un beau feu pour le théâtre épris,
Venez en vers pompeux y disputer le prix,
Voulez-vous sur la scène étaler des ouvrages
Où tout Paris en foule apporte ses suffrages,
Et qui, toujours plus beaux plus ils sont regardés,

6

Soient au bout de vingt ans encor redemandés ?
Que dans tous vos discours la passion émue
Aille chercher le cœur, l'échauffe et le remue.
Si d'un beau mouvement l'agréable fureur
Souvent ne nous remplit d'une douce *terreur*,
Ou n'excite en notre âme une pitié charmante,
En vain vous étalez une scène savante :
Vos froids raisonnements ne feront qu'attiédir
Un spectateur toujours paresseux d'applaudir
Et qui, des vains efforts de votre rhétorique
Justement fatigué, s'endort ou vous critique.
Le secret est d'abord de plaire et de toucher.
Inventez des ressorts qui puissent m'attacher.
    Que dès les premiers vers l'action préparée
Sans peine du sujet aplanisse l'entrée.
Je me ris d'un auteur qui, lent à s'exprimer,
De ce qu'il veut d'abord ne sait pas m'informer,
Et qui, débrouillant mal une pénible intrigue,
D'un divertissement me fait une fatigue.
J'aimerais mieux encor qu'il déclinât son nom,
Et dît : je suis Oreste, ou bien Agamemnon,
Que d'aller, par un tas de confuses merveilles,
Sans rien dire à l'esprit, étourdir les oreilles.
Le sujet n'est jamais assez tôt expliqué.
    Que le lieu de la scène y soit fixe et marqué.
Un rimeur, sans péril, delà les Pyrénées,
Sur la scène en un jour renferme des années ;
Là, souvent le héros d'un spectacle grossier,
Enfant au premier acte, est barbon au dernier.
Mais nous, que la raison à ses règles engage,
Nous voulons qu'avec art l'action se ménage ;
Qu'en un lieu, qu'en un jour, un seul fait accompli
Tienne jusqu'à la fin le théâtre rempli.
    Jamais au spectateur n'offrez rien d'incroyable.
Le vrai peut quelquefois n'être pas vraisemblable,
Une merveille absurde est pour moi sans appas :

L'esprit n'est point ému de ce qu'il ne croit pas.
Ce qu'on ne doit point voir, qu'un récit nous l'expose :
Les yeux en le voyant saisiront mieux la chose ;
Mais il est des objets que l'art judicieux
Doit offrir à l'oreille et reculer des yeux.

Que le trouble, toujours croissant de scène en scène,
A son comble arrivé se débrouille sans peine.
L'esprit ne se sent point plus vivement frappé,
Que lorsqu'en un sujet d'intrigue enveloppé,
D'un secret tout à coup la vérité connue
Change tout, donne à tout une face imprévue.

La tragédie, informe et grossière en naissant,
N'était qu'un simple chœur, où chacun en dansant,
Et du dieu des raisins entonnant les louanges,
S'efforçait d'attirer de fertiles vendanges.
Là, le vin et la joie éveillant les esprits,
Du plus habile chantre un bouc était le prix.

Thespis fut le premier qui, barbouillé de lie,
Promena par les bourgs cette heureuse folie ;
Et, d'acteurs mal ornés chargeant un tombereau,
Amusa les passants d'un spectacle nouveau.

Eschyle dans le chœur jeta les personnages ;
D'un masque plus honnête habilla les visages ;
Sur les ais d'un théâtre en public exhaussé
Fit paraître l'acteur d'un brodequin chaussé.

Sophocle enfin, donnant l'essor à son génie,
Accrut encor la pompe, augmenta l'harmonie,
Intéressa le chœur dans toute l'action ;
Des vers trop raboteux polit l'expression ;
Lui donna chez les Grecs cette hauteur divine,
Où jamais n'atteignit la faiblesse latine.

Chez nos dévots aïeux le théâtre abhorré
Fut long-temps dans la France un plaisir ignoré.
De pèlerins, dit-on, une troupe grossière
En public, à Paris y monta la première ;
Et, sottement zélée en sa simplicité,

Joua les saints, la Vierge, et Dieu, par piété.
Le savoir, à la fin dissipant l'ignorance,
Fit voir de ce projet la dévote imprudence.
On chassa ces docteurs prêchant sans mission;
On vit renaître Hector, Andromaque, Ilion.
Seulement les acteurs laissant le masque antique,
Le violon tint lieu de chœur et de musique.

Bientôt l'amour, fertile en tendres sentiments,
S'empara du théâtre, ainsi que des romans.
De cette passion la sensible peinture
Est pour aller au cœur la route la plus sûre.
Peignez donc, j'y consens, les héros amoureux;
Mais ne m'en formez pas des bergers doucereux;
Qu'Achille aime autrement que Thyrsis et Philène;
N'allez pas d'un Cyrus nous faire un Artamène;
Et que l'amour, souvent de remords combattu,
Paraisse une faiblesse et non une vertu.

Des héros de roman fuyez les petitesses:
Toutefois aux grands cœurs donnez quelques faiblesses;
Achille déplairait moins bouillant et moins prompt:
J'aime à lui voir verser des pleurs pour un affront.
A ces petits défauts marqués dans sa peinture,
L'esprit avec plaisir reconnaît la nature.
Qu'il soit sur ce modèle en vos écrits tracé;
Qu'Agamemnon soit fier, superbe, intéressé.
Que pour ses dieux Énée ait un respect austère.
Conservez à chacun son propre caractère.
Des siècles, des pays, étudiez les mœurs;
Les climats font souvent les diverses humeurs.

Gardez donc de donner, ainsi que dans Clélie,
L'air ni l'esprit français à l'antique Italie;
Et, sous des noms romains faisant notre portrait,
Peindre Caton galant et Brutus dameret.
Dans un roman frivole aisément tout s'excuse;
C'est assez qu'en courant la fiction amuse.
Trop de rigueur alors serait hors de saison:

Mais la scène demande une exacte raison ;
L'étroite bienséance y veut être gardée.

D'un nouveau personnage inventez-vous l'idée ?
Qu'en tout avec soi-même il se montre d'accord.
Et qu'il soit jusqu'au bout tel qu'on l'a vu d'abord,
Souvent, sans y penser, un écrivain qui s'aime
Forme tous ses héros semblables à soi-même :
Tout a l'humeur gasconne en un auteur gascon ;
Calprenède et Juba parlent du même ton.

La nature est en nous plus diverse et plus sage ;
Chaque passion parle un différent langage :
La colère est superbe, et veut des mots altiers ;
L'abattement s'explique en des termes moins fiers.

Que devant Troie en flamme Hécube désolée
Ne vienne pas pousser une plainte ampoulée,
Ni sans raison décrire en quels affreux pays
Par sept bouches l'Euxin reçoit le Tanaïs.
Tous ces pompeux amas d'expressions frivoles
Sont d'un déclamateur, amoureux de paroles.
Il faut dans la douleur que vous vous abaissiez :
Pour me tirer des pleurs, il faut que vous pleuriez.
Ces grands mots, dont alors l'acteur emplit sa bouche
Ne partent point d'un cœur que sa misère touche.

Le théâtre, fertile en censeurs pointilleux,
Chez nous pour se produire est un champ périlleux.
Un auteur n'y fait pas de faciles conquêtes ;
Il trouve à le siffler des bouches toujours prêtes :
Chacun le peut traiter de fat et d'ignorant :
C'est un droit qu'à la porte on achète en entrant.
Il faut qu'en cent façons, pour plaire, il se replie ;
Que tantôt il s'élève, et tantôt s'humilie ;
Qu'en nobles sentiments il soit partout fécond ;
Qu'il soit aisé, solide, agréable, profond ;
Que de traits surprenants sans cesse il nous réveille :
Qu'il coure dans ses vers de merveille en merveille ;
Et que tout ce qu'il dit, facile à retenir,

De son ouvrage en nous laisse un long souvenir.
Ainsi la tragédie agit, marche, et s'explique.
    D'un air plus grand encor la poésie épique,
Dans le vaste récit d'une longue action,
Se soutient par la fable, et vit de fiction.
Là pour nous enchanter tout est mis en usage ;
Tout prend un corps, une âme, un esprit, un visage.
Chaque vertu devient une divinité :
Minerve est la prudence, Vénus est la beauté ;
Ce n'est plus la vapeur qui produit le tonnerre,
C'est Jupiter armé pour effrayer la terre ;
Un orage terrible aux yeux des matelots,
C'est Neptune en courroux qui gourmande les flots ;
Écho n'est plus un son qui dans l'air retentisse,
C'est une nymphe en pleurs qui se plaint de Narcisse.
Ainsi, dans cet amas de nobles fictions,
Le poëte s'égaye en mille inventions,
Orne, élève, embellit, agrandit toutes choses,
Et trouve sous sa main des fleurs toujours écloses.
Qu'Énée et ses vaisseaux, par le vent écartés,
Soient aux bords africains d'un orage emportés ;
Ce n'est qu'une aventure ordinaire et commune,
Qu'un coup peu surprenant des traits de la fortune.
Mais que Junon, constante en son aversion,
Poursuive sur les flots les restes d'Ilion ;
Qu'Éole, en sa faveur, les chassant d'Italie,
Ouvre aux vents mutinés les prisons d'Éolie ;
Que Neptune en courroux, s'élevant sur la mer,
D'un mot calme les flots, mette la paix dans l'air,
Délivre les vaisseaux, des Syrtes les arrache ;
C'est là ce qui surprend, frappe, saisit, attache.
Sans tous ces ornements le vers tombe en langueur ;
La poésie est morte, ou rampe sans vigueur ;
Le poëte n'est plus qu'un orateur timide,
Qu'un froid historien d'une fable insipide.
    C'est donc bien vainement que nos auteurs déçus,

Bannissant de leurs vers ces ornements reçus,
Pensent faire agir Dieu, ses saints et ses prophètes
Comme ces dieux éclos du cerveau des poètes ;
Mettent à chaque pas le lecteur en enfer ;
N'offrent rien qu'Astaroth, Belzébut, Lucifer.
De la foi d'un chrétien les mystères terribles
D'ornements égayés ne sont point susceptibles :
L'Évangile à l'esprit n'offre de tous côtés
Que pénitence à faire, et tourments mérités ;
Et de vos fictions le mélange coupable
Même à ses vérités donne l'air de la fable.
Et quel objet enfin à présenter aux yeux,
Que le diable toujours hurlant contre les cieux,
Qui de votre héros veut rabaisser la gloire,
Et souvent avec Dieu balance la victoire ?
    Le Tasse, dira-t-on, l'a fait avec succès.
Je ne veux point ici lui faire son procès :
Mais, quoi que notre siècle à sa gloire publie,
Il n'eût point de son livre illustré l'Italie,
Si son sage héros, toujours en oraison,
N'eût fait que mettre enfin Satan à la raison ;
Et si Renaud, Argant, Tancrède et sa maîtresse,
N'eussent de son sujet égayé la tristesse.
    Ce n'est pas que j'approuve, en un sujet chrétien,
Un auteur follement idolâtre et païen.
Mais, dans une profane et riante peinture,
De n'oser de la fable employer la figure ;
De chasser les tritons de l'empire des eaux ;
D'ôter à Pan sa flûte, aux Parques leurs ciseaux ;
D'empêcher que Caron, dans la fatale barque,
Ainsi que le berger ne passe le monarque :
C'est d'un scrupule vain s'alarmer sottement,
Et vouloir aux lecteurs plaire sans agrément.
Bientôt ils défendront de peindre la Prudence,
De donner à Thémis ni bandeau ni balance ;
De figurer aux yeux la Guerre au front d'airain,

Ou le Temps qui s'enfuit une horloge à la main ;
Et partout des discours, comme une idolâtrie ,
Dans leur faux zèle iront chasser l'allégorie.
Laissons-les s'applaudir de leur pieuse erreur :
Mais pour nous, bannissons une vaine terreur.
Et, fabuleux chrétiens, n'allons point dans nos songes,
Du Dieu de vérité faire un Dieu de mensonges.
   La fable offre à l'esprit mille agréments divers :
Là tous les noms heureux semblent nés pour les vers,
Ulysse, Agamemnon, Oreste, Idoménée,
Hélène, Ménélas, Paris, Hector, Énée !
Oh ! le plaisant projet d'un poète ignorant,
Qui de tant de héros va choisir Childebrand !
D'un seul nom quelquefois le son dur ou bizarre
Rend un poème entier ou burlesque ou barbare.
   Voulez-vous long-temps plaire et jamais ne lasser ?
Faites choix d'un héros propre à m'intéresser,
En valeur éclatant, en vertus magnifique,
Qu'en lui, jusqu'aux défauts, tout se montre héroïque ;
Que ses faits surprenants soient dignes d'être ouïs ;
Qu'il soit tel que César, Alexandre ou Louis ;
Non tel que Polynice et son perfide frère.
On s'ennuie aux exploits d'un conquérant vulgaire.
   N'offrez pas un sujet d'incidents trop chargé :
Le seul courroux d'Achille, avec art ménagé,
Remplit abondamment une Iliade entière.
Souvent trop d'abondance appauvrit la matière.
   Soyez vif et pressé dans vos narrations ;
Soyez riche et pompeux dans vos descriptions ;
C'est là qu'il faut des vers étaler l'élégance ;
N'y présentez jamais de basse circonstance.
N'imitez pas ce fou qui, décrivant les mers,
Et peignant, au milieu de leurs flots entr'ouverts,
L'Hébreu sauvé du joug de ses injustes maîtres,
Met, pour le voir passer, les poissons aux fenêtres,
Peint le petit enfant qui *va, saute, revient,*

Et joyeux à sa mère offre un caillou qu'il tient.
Sur de trop vains objets c'est arrêter la vue.
    Donnez à votre ouvrage une juste étendue.
Que le début soit simple et n'ait rien d'affecté.
N'allez pas dès l'abord, sur Pégase monté,
Crier à vos lecteurs d'une voix de tonnerre :
Je chante le vainqueur des vainqueurs de la terre.
Que produira l'auteur après tous ces grands cris?
La montagne en travail enfante une souris.
Oh ! que j'aime bien mieux cet auteur plein d'adresse,
Qui, sans faire d'abord de si haute promesse,
Me dit d'un ton aisé, doux, simple, harmonieux :
Je chante les combats et cet homme pieux
Qui, des bords phrygiens conduit dans l'Ausonie,
Le premier aborda les champs de Lavinie.
Sa muse en arrivant ne met pas tout en feu,
Et, pour donner beaucoup, ne nous promet que peu,
Bientôt vous la verrez, prodiguant les miracles,
Du destin des Latins prononcer les oracles ;
De Styx et d'Achéron peindre les noirs torrents,
Et déjà les Césars dans l'Élysée errants.
    De figures sans nombre égayez votre ouvrage ;
Que tout y fasse aux yeux une riante image :
On peut être à la fois et pompeux et plaisant ;
Et je hais un sublime ennuyeux et pesant.
J'aime mieux Arioste et ses fables comiques
Que ces auteurs toujours froids et mélancoliques
Qui dans leur sombre humeur se croiraient faire affront,
Si les Grâces jamais leur déridaient le front.
    On dirait que pour plaire, instruit par la nature,
Homère ait à Vénus dérobé sa ceinture.
Son livre est d'agréments un fertile trésor :
Tout ce qu'il a touché se convertit en or ;
Tout reçoit dans ses mains une nouvelle grâce ;
Partout il divertit, et jamais il ne lasse.
Une heureuse chaleur anime ses discours :

6*

Il ne s'égare point en de trop longs détours.
Sans garder dans ses vers un ordre méthodique,
Son sujet de soi-même et s'arrange et s'explique :
Tout, sans faire d'apprêts, s'y prépare aisément ;
Chaque vers, chaque mot court à l'événement.
Aimez donc ses écrits, mais d'un amour sincère :
C'est avoir profité que de savoir s'y plaire.

 Un poème excellent, où tout marche et se suit,
N'est pas de ces travaux qu'un caprice produit :
Il veut du temps, des soins ; et ce pénible ouvrage
Jamais d'un écolier ne fut l'apprentissage.
Mais souvent parmi nous un poète sans art,
Qu'un beau feu quelquefois échauffa par hasard,
Enflant d'un vain orgueil son esprit chimérique,
Fièrement prend en main la trompette héroïque :
Sa muse déréglée, en ses vers vagabonds,
Ne s'élève jamais que par sauts et par bonds ;
Et son feu, dépourvu de sens et de lecture,
S'éteint à chaque pas faute de nourriture.
Mais en vain le public, prompt à le mépriser,
De son mérite faux le veut désabuser ;
Lui-même, applaudissant à son maigre génie,
Se donne par ses mains l'encens qu'on lui dénie :
Virgile, au prix de lui, n'a point d'invention ;
Homère n'entend point la noble fiction.
Si contre cet arrêt le siècle se rebelle,
A la postérité d'abord il en appelle :
Mais attendant qu'ici le bon sens de retour
Ramène triomphants ses ouvrages au jour,
Leurs tas au magasin, cachés à la lumière,
Combattent tristement les vers et la poussière.
Laissons-les donc entr'eux s'escrimer en repos ;
Et, sans nous égarer, suivons notre propos.

 Des succès fortunés du spectacle tragique,
Dans Athènes naquit la comédie antique.
Là le Grec, né moqueur, par mille jeux plaisants

Distilla le venin de ses traits médisants.
Aux accès insolents d'une bouffonne joie
La sagesse, l'esprit, l'honneur, furent en proie.
On vit par le public un poète avoué
S'enrichir aux dépens du mérite joué ;
Et Socrate par lui, dans *un chœur de nuées*,
D'un vil amas de peuple attirer les huées.
Enfin de la licence on arrêta le cours :
Le magistrat des lois emprunta le secours,
Et, rendant par édit les poètes plus sages,
Défendit de masquer les noms et les visages.
    Le théâtre perdit son antique fureur :
La comédie apprit à rire sans aigreur ,
Sans fiel et sans venin sut instruire et reprendre,
Et plut innocemment dans les vers de Ménandre.
Chacun, peint avec art dans ce nouveau miroir,
S'y vit avec plaisir, ou crut ne s'y point voir :
L'avare, des premiers, rit du tableau fidèle
D'un avare souvent tracé sur son modèle ;
Et mille fois un fat finement exprimé
Méconnut le portrait sur lui-même formé.
    Que la nature donc soit votre étude unique,
Auteurs qui prétendez aux honneurs du comique.
Quiconque voit bien l'homme, et, d'un esprit profond,
De tant de cœurs cachés a pénétré le fond ;
Qui sait bien ce que c'est qu'un prodigue, un avare,
Un honnête homme, un fat, un jaloux, un bizarre,
Sur une scène heureuse il peut les étaler,
Et les faire à nos yeux, vivre, agir et parler.
Présentez-en partout les images naïves :
Que chacun y soit peint des couleurs les plus vives,
La nature, féconde en bizarres portraits,
Dans chaque âme est marquée à de différents traits ;
Un geste la découvre, un rien la fait paraître :
Mais tout esprit n'a pas des yeux pour la connaître.
    Le temps, qui change tout, change aussi nos humeurs :

Chaque âge a ses plaisirs, son esprit et ses mœurs.
Un jeune homme, toujours bouillant dans ses caprices,
Est prompt à recevoir l'impression des vices ;
Est vain dans ses discours, volage en ses désirs,
Rétif à la censure, et fou dans les plaisirs.
L'âge viril, plus mûr, inspire un air plus sage,
Se pousse auprès des grands, s'intrigue, se ménage ,
Contre les coups du sort songe à se maintenir,
Et loin dans le présent regarde l'avenir,
La vieillesse chagrine incessamment amasse ;
Garde, non pas pour soi, les trésors qu'elle entasse ;
Marche en tous ses desseins d'un pas lent et glacé ;
Toujours plaint le présent et vante le passé ;
Inhabile aux plaisirs dont la jeunesse abuse,
Blâme en eux les douceurs que l'âge lui refuse.
Ne faites point parler vos acteurs au hasard,
Un vieillard en jeune homme, un jeune homme en vieillard.
Étudiez la cour , et connaissez la ville :
L'une et l'autre est toujours en modèles fertile.
C'est par là que Molière, illustrant ses écrits,
Peut-être de son art eût remporté le prix ,
Si, moins ami du peuple, en ses doctes peintures,
Il n'eût point fait souvent grimacer ses figures ,
Quitté, pour le bouffon, l'agréable et le fin,
Et sans honte à Térence allié Tabarin :
Dans ce sac ridicule où Scapin s'enveloppe
Je ne reconnais plus l'auteur du Misanthrope.
Le comique, ennemi des soupirs et des pleurs,
N'admet point en ses vers de tragiques douleurs ;
Mais son emploi n'est pas d'aller, dans une place,
De mots sales et bas charmer la populace.
Il faut que ses acteurs badinent noblement ;
Que son nœud bien formé se dénoue aisément ;
Que l'action, marchant où la raison la guide ,
Ne se perde jamais dans une scène vide ;
Que son style humble et doux se relève à propos ;

Que ses discours, partout fertiles en bons mots,
Soient pleins de passions finement maniées,
Et les scènes toujours l'une à l'autre liées.
Aux dépens du bon sens gardez de plaisanter:
Jamais de la nature il ne faut s'écarter.
Contemplez de quel air un père dans Térence
Vient d'un fils amoureux gourmander l'imprudence;
De quel air cet amant écoute ses leçons,
Et court chez sa maîtresse oublier ces chansons.
Ce n'est pas un portrait, une image semblable;
C'est un amant, un fils, un père véritable.

J'aime sur le théâtre un agréable auteur
Qui, sans se diffamer aux yeux du spectateur,
Plaît par la raison seule, et jamais ne la choque;
Mais pour un faux plaisant à grossière équivoque,
Qui pour me divertir n'a que la saleté,
Qu'il s'en aille, s'il veut, sur deux tréteaux monté,
Amusant le Pont-Neuf de ses sornettes fades,
Aux laquais assemblés jouer ses mascarades.

QUATRIÈME CHANT.

Dans Florence jadis vivait un médecin,
Savant hableur, dit-on, et célèbre assassin.
Lui seul y fit long-temps la publique misère:
Là le fils orphelin lui redemande un père;
Ici le frère pleure un frère empoisonné;
L'un meurt vide de sang, l'autre plein de séné;
Le rhume à son aspect se change en pleurésie;
Et par lui la migraine est bientôt frénésie.
Il quitte enfin la ville, en tous lieux détesté.
De tous ses amis morts un seul ami resté
Le mène en sa maison de superbe structure.
C'était un riche abbé, fou de l'architecture.

Le médecin d'abord semble né dans cet art ,
Déjà de bâtiments parle comme Mansard :
D'un salon qu'on élève il condamne la face,
Au vestibule obscur il marque une autre place;
Approuve l'escalier tourné d'autre façon.
Son ami le conçoit , et mande son maçon.
Le maçon vient, écoute, approuve et se corrige.
Enfin , pour abréger un si plaisant prodige ,
Notre assassin renonce à son art inhumain ;
Et désormais, la règle et l'équerre à la main ,
Laissant de Galien la science suspecte ,
De méchant médecin devient bon architecte.

   Son exemple est pour nous un précepte excellent.
Soyez plutôt maçon si c'est votre talent,
Ouvrier estimé dans un art nécessaire,
Qu'écrivain du commun, et poète vulgaire.
Il est dans tout autre art des degrés différents,
On peut avec honneur remplir les seconds rangs;
Mais, dans l'art dangereux de rimer et d'écrire ,
Il n'est point de degrés du médiocre au pire :
Qui dit froid écrivain dit détestable auteur.
Boyer est à Pinchène égal pour le lecteur;
On ne lit guère plus Rampale et Ménardière
Que Magnon, Du Souhait, Corbin et La Morlière.
Un fou du moins fait rire, et peut nous égayer :
Mais un froid écrivain ne sait rien qu'ennuyer.
J'aime mieux Bergerac et sa burlesque audace
Que ces vers où Motin se morfond et nous glace.

   Ne vous enivrez point des éloges flatteurs
Qu'un amas quelquefois de vains admirateurs
Vous donne en ces réduits, prompts à crier : Merveille !
Tel écrit récité se soutint à l'oreille ,
Qui dans l'impression au grand jour se montrant,
Ne soutient pas des yeux le regard pénétrant.
On sait de cent auteurs l'aventure tragique,
Et Gombaud tant loué garde encor la boutique.

Écoutez tout le monde, assidu consultant :
Un fat quelquefois ouvre un avis important.
Quelques vers toutefois qu'Apollon vous inspire,
En tous lieux aussitôt ne courez pas les lire.
Gardez-vous d'imiter ce rimeur furieux,
Qui, de ses vains écrits lecteur harmonieux,
Aborde en récitant quiconque le salue,
Et poursuit de ses vers les passants dans la rue.
Il n'est temple si saint, des anges respecté,
Qui soit contre sa muse un lieu de sûreté.
Je vous l'ai déjà dit, aimez qu'on vous censure,
Et, souple à la raison, corrigez sans murmure.
Mais ne vous rendez pas dès qu'un sot vous reprend.
Souvent dans son orgueil un subtil ignorant,
Par d'injustes dégoûts combat toute une pièce,
Blâme des plus beaux vers la noble hardiesse.
On a beau réfuter ses vains raisonnements,
Son esprit se complaît dans ses faux jugements ;
Et sa faible raison, de clarté dépourvue,
Pense que rien n'échappe à sa débile vue.
Ses conseils sont à craindre ; et, si vous les croyez,
Pensant fuir un écueil, souvent vous vous noyez.
Faites choix d'un censeur solide et salutaire,
Que la raison conduise, et le savoir éclaire,
Et dont le crayon sûr d'abord aille chercher
L'endroit que l'on sent faible, et qu'on se veut cacher.
Lui seul éclairera vos doutes ridicules,
De votre esprit tremblant lèvera les scrupules.
C'est lui qui vous dira, par quel transport heureux
Quelquefois dans sa course un esprit vigoureux,
Trop resserré par l'art, sort des règles prescrites,
Et de l'art même apprend à franchir leurs limites.
Mais ce parfait censeur se trouve rarement.
Tel excelle à rimer qui juge sottement.
Tel s'est fait par ses vers distinguer dans la ville,
Qui jamais de Lucain n'a distingué Virgile.

Auteurs, prêtez l'oreille à mes instructions.
Voulez-vous faire aimer vos riches fictions?
Qu'en savantes leçons votre muse fertile
Partout joigne au plaisant le solide et l'utile.
Un lecteur sage fuit un vain amusement,
Et veut mettre à profit son divertissement.

Que votre âme et vos mœurs peintes dans vos ouvrages
N'offrent jamais de vous que de nobles images.
Je ne puis estimer ces dangereux auteurs,
Qui de l'honneur, en vers, infâmes déserteurs,
Trahissant la vertu sur un papier coupable,
Aux yeux de leurs lecteurs rendent le vice aimable.

Je ne suis pas pourtant de ces tristes esprits,
Qui, bannissant l'amour de tous chastes écrits,
D'un si riche ornement veulent priver la scène ;
Traitent d'empoisonneurs et Rodrigue et Chimène.
L'amour le moins honnête, exprimé chastement,
N'excite point en nous de honteux mouvement.
Didon a beau gémir et m'étaler ses charmes,
Je condamne sa faute en partageant ses larmes.

Un auteur vertueux, dans ses vers innocents,
Ne corrompt point le cœur en chatouillant les sens :
Son feu n'allume point de criminelle flamme.
Aimez donc la vertu, nourrissez-en votre âme.
En vain l'esprit est plein d'une noble vigueur ;
Le vers se sent toujours des bassesses du cœur.

Fuyez surtout, fuyez ces basses jalousies,
Des vulgaires esprits malignes frénésies ;
Un sublime écrivain n'en peut être infecté ;
C'est un vice qui suit la médiocrité.
Du mérite éclatant cette sombre rivale
Contre lui chez les grands incessamment cabale,
Et sur les pieds en vain tâchant de se hausser,
Pour s'égaler à lui cherche à le rabaisser.
Ne descendons jamais dans ces lâches intrigues.
N'allons point à l'honneur par de honteuses brigues.

Que les vers ne soient pas votre éternel emploi;
Cultivez vos amis, soyez homme de foi.
C'est peu d'être agréable et charmant dans un livre,
Il faut savoir encore et converser et vivre.

Travaillez pour la gloire, et qu'un sordide gain
Ne soit jamais l'objet d'un illustre écrivain.
Je sais qu'un noble esprit peut sans honte et sans crime,
Tirer de son travail un tribut légitime :
Mais je ne puis souffrir ces auteurs renommés,
Qui, dégoûtés de gloire, et d'argent affamés,
Mettent leur Apollon aux gages d'un libraire,
Et font d'un art divin un métier mercenaire.

Avant que la raison, s'expliquant par la voix,
Eût instruit les humains, eût enseigné des lois,
Tous les hommes suivaient la grossière nature,
Dispersés dans les bois, couraient à la pâture;
La force tenait lieu de droit et d'équité :
Le meurtre s'exerçait avec impunité.
Mais du discours enfin l'harmonieuse adresse
De ces sauvages mœurs adoucit la rudesse;
Rassembla les humains dans les forêts épars,
Enferma les cités de murs et de remparts :
De l'aspect du supplice effraya l'insolence,
Et sous l'appui des lois mit la faible innocence.
Cet ordre fut, dit-on, le fruit des premiers vers.
De là sont nés ces bruits reçus dans l'univers,
Qu'aux accents dont Orphée emplit les monts de Thrace,
Les tigres amollis dépouillaient leur audace ;
Qu'aux accords d'Amphion les pierres se mouvaient,
Et sur les murs thébains en ordre s'élevaient.
L'harmonie, en naissant, produisit ces miracles.
Depuis, le ciel en vers fit parler les oracles :
Du sein d'un prêtre ému d'une divine horreur
Apollon par des vers exhala sa fureur.
Bientôt, ressuscitant les héros des vieux âges,
Homère aux grands exploits anima les courages.

Hésiode à son tour, par d'utiles leçons,
Des champs trop paresseux vint hâter les moissons.
En mille écrits fameux la sagesse tracée
Fut, à l'aide des vers, aux mortels annoncée,
Et partout des esprits ses préceptes vainqueurs,
Introduits par l'oreille, entrèrent dans les cœurs.
Pour tant d'heureux bienfaits, les muses révérées
Furent d'un juste encens dans la Grèce honorées ;
Et leur art, attirant le culte des mortels,
A sa gloire, en cent lieux, vit dresser des autels.
Mais enfin, l'indigence amenant la bassesse,
Le Parnasse oublia sa première noblesse.
Un vil amour du gain infectant les esprits,
De mensonges grossiers souilla tous les écrits;
Et partout enfantant mille ouvrages frivoles,
Trafiqua du discours et vendit les paroles.

Ne vous flétrissez point par un vice si bas.
Si l'or seul a pour vous d'invincibles appas,
Fuyez ces lieux charmants qu'arrose le Permesse :
Ce n'est point sur ses bords qu'habite la richesse.
Aux plus savants auteurs, comme aux plus grands guerriers
Apollon ne promet qu'un nom et des lauriers.

Mais quoi! dans la disette une muse affamée
Ne peut pas, dira-t-on, subsister sans fumée.
Un auteur qui, pressé d'un besoin importun,
Le soir entend crier ses entrailles à jeun,
Goûte peu d'Hélicon les douces promenades ;
Horace a bu son soûl quand il voit les Ménades:
Et, libre du souci qui trouble Colletet,
N'attend pas pour dîner, le succès d'un sonnet.

Il est vrai ; mais enfin cette affreuse disgrâce
Rarement parmi nous afflige le Parnasse :
Et que craindre en ce siècle, où toujours les beaux-arts
D'un astre favorable éprouvent les regards ;
Où d'un prince éclairé la sage prévoyance
Fait partout au mérite ignorer l'indigence?

Muses, dictez sa gloire à tous vos nourrissons :
Son nom vaut mieux, pour eux, que toutes vos leçons.
Que Corneille, pour lui rallumant son audace,
Soit encore le Corneille et du Cid et d'Horace;
Que Racine, enfantant des miracles nouveaux ;
De ses héros sur lui forme tous les tableaux ;
Que de son nom, chanté par la bouche des belles,
Benserade en tous lieux amuse les ruelles ;
Que Segrais dans l'églogue en charme les forêts :
Que pour lui l'épigramme épuise tous ses traits.
Mais quel heureux auteur, dans une autre Enéide,
Aux bords du Rhin tremblant conduira cet Alcide ?
Quelle savante lyre au bruit de ses exploits
Fera marcher encor les rochers et les bois :
Chantera le Batave éperdu dans l'orage,
Soi-même se noyant pour sortir du naufrage :
Dira les bataillons sous Mastricht enterrés,
Dans ces affreux assauts du soleil éclairés ?

Mais tandis que je parle, une gloire nouvelle
Vers ce vainqueur rapide aux Alpes vous appelle.
Déjà Dôle et Salins sous le joug ont ployé.
Besançon fume encor sous son roc foudroyé.
Où sont ces grands guerriers dont les fatales ligues
Devaient à ce torrent opposer tant de digues ?
Est-ce encore en fuyant qu'ils pensent l'arrêter,
Fiers du honteux honneur d'avoir su l'éviter ?
Que de remparts détruits ! que de villes forcées !
Que de moissons de gloire en courant amassées !

Auteurs, pour les chanter, redoublez vos transports ;
Le sujet ne veut pas de vulgaires efforts.

Pour moi, qui jusqu'ici nourri dans la satire,
N'ose encor manier la trompette et la lyre,
Vous me verrez pourtant, dans ce champ glorieux,
Vous animer du moins de la voix et des yeux ;
Vous offrir ces leçons que ma muse au Parnasse
Rapporta, jeune encor, du commerce d'Horace;

Seconder votre ardeur, échauffer votre esprit,
Et vous montrer de loin la couronne et le prix.
Mais aussi pardonnez, si, plein de ce beau zèle,
De tous vos pas fameux observateur fidèle,
Quelquefois du bon or je sépare le faux,
Et des auteurs grossiers j'attaque les défauts :
Censeur un peu fâcheux, mais souvent nécessaire,
Plus enclin à blâmer que savant à bien faire.

LE LUTRIN,

POÈME HÉROI-COMIQUE.

LE LUTRIN.

PREMIER CHANT.
(1672—74—56—58)

Je chante les combats et ce prélat terrible
Qui, par ses longs travaux et sa force invincible,
Dans une illustre église exerçant son grand cœur,
Fit placer à la fin un lutrin dans le chœur.
C'est en vain que le chantre, abusant d'un faux titre,
Deux fois l'en fit ôter par les mains du chapitre.
Ce prélat, sur le banc de son rival altier
Deux fois le reportant, l'en couvrit tout entier.
  Muse, redis-moi donc quelle ardeur de vengeance
De ces hommes sacrés rompit l'intelligence,
Et troubla si long-temps deux célèbres rivaux.
Tant de fiel entre-t-il dans l'âme des dévots!
  Et toi, fameux héros, dont la sage entremise
De ce schisme naissant débarrassa l'Église,
Viens d'un regard heureux animer mon projet,
Et garde-toi de rire en ce grave sujet.
  Parmi les doux plaisirs d'une paix fraternelle,
Paris voyait fleurir son antique Chapelle :
Ses chanoines vermeils et brillants de santé
S'engraissaient d'une longue et sainte oisiveté.
Sans sortir de leurs lits, plus doux que leurs hermines,
Ces pieux fainéants faisaient chanter matines,
Veillaient à bien dîner, et laissaient en leur lieu
A des chantres gagés le soin de louer Dieu :
Quand la Discorde, encore toute noire de crimes,
Sortant des Cordeliers pour aller aux Minimes,

Avec cet air hideux qui fait frémir la Paix,
S'arrêta près d'un arbre au pied de son palais.
Là, d'un œil attentif contemplant son empire,
A l'aspect du tumulte elle-même s'admire.
Elle y voit par le coche et d'Évreux et du Mans
Accourir à grands flots ses fidèles Normands :
Elle y voit aborder le marquis, la comtesse,
Le bourgeois, le manant, le clergé, la noblesse ;
Et partout des plaideurs les escadrons épars
Faire autour de Thémis flotter ses étendards.
Mais une église seule à ses yeux immobile
Garde au sein du tumulte une assiette tranquille ;
Elle seule la brave ; elle seule aux procès
De ses paisibles murs veut défendre l'accès.
La Discorde, à l'aspect d'un calme qui l'offense,
Fait siffler ses serpents, s'excite à la vengeance :
Sa bouche se remplit d'un poison odieux,
Et de longs traits de feu lui sortent par les yeux.

Quoi! dit-elle d'un ton qui fit trembler les vitres,
J'aurai pu jusqu'ici brouiller tous les chapitres,
Diviser cordeliers, carmes et célestins !
J'aurai fait soutenir un siége aux augustins :
Et cette église seule, à mes ordres rebelle,
Nourrira dans son sein une paix éternelle !
Suis-je donc la Discorde ? et, parmi les mortels,
Qui voudra désormais encenser mes autels ?

A ces mots, d'un bonnet couvrant sa tête énorme,
Elle prend d'un vieux chantre et la taille et la forme ;
Elle peint de bourgeons son visage guerrier,
Et s'en va de ce pas trouver le trésorier.

Dans le réduit obscur d'une alcôve enfoncée
S'élève un lit de plume à grands frais amassée :
Quatre rideaux pompeux, par un double contour,
En défendent l'entrée à la clarté du jour.
Là, parmi les douceurs d'un tranquille silence,
Règne sur le duvet une heureuse indolence ;

C'est là que le prélat, muni d'un déjeûner,
Dormant d'un léger somme, attendait le dîner.
La jeunesse en sa fleur brille sur son visage :
Son menton sur son sein descend à double étage
Et son corps, ramassé dans sa courte grosseur,
Fait gémir les coussins sous sa molle épaisseur.
   La déesse en entrant, qui voit la nappe mise,
Admire un si bel ordre, et reconnaît l'Église ;
Et, marchant à grands pas vers le lieu du repos,
Au prélat sommeillant elle adresse ces mots :
   Tu dors, prélat, tu dors, et là-haut à ta place
Le chantre aux yeux du chœur étale son audace,
Chante les OREMUS, fait des processions,
Et répand à grands flots les bénédictions,
Tu dors ! Attends-tu donc que, sans bulle et sans titre
Il te ravisse encor le rochet et la mitre ?
Sors de ce lit oiseux qui te tient attaché,
Et renonce au repos ou bien à l'évêché.
   Elle dit, et du vent de sa bouche profane
Lui souffle avec ces mots l'ardeur de la chicane.
Le prélat se réveille, et, plein d'émotion,
Lui donne toutefois la bénédiction.
   Tel qu'on voit un taureau qu'une guêpe en furie
A piqué dans les flancs aux dépens de sa vie ;
Le superbe animal, agité de tourments,
Exhale sa douleur en longs mugissements :
Tel le fougueux prélat, que ce songe épouvante,
Querelle en se levant et laquais et servante ;
Et, d'un juste courroux ranimant sa vigueur,
Même avant de dîner, parle d'aller au chœur.
Le prudent Gilotin, son aumônier fidèle,
En vain par ses conseils, sagement le rappelle ;
Lui montre le péril ; que midi va sonner ;
Qu'il va faire, s'il sort, refroidir le dîner.
   Quelle fureur, dit-il, quel aveugle caprice,
Quand le dîner est prêt, vous appelle à l'office ?

7

De votre dignité soutenez mieux l'éclat :
Est-ce pour travailler que vous êtes prélat ?
A quoi bon ce dégoût et ce zèle inutile ?
Est-il donc pour jeûner quatre-temps ou vigile ?
Reprenez vos esprits, et souvenez-vous bien
Qu'un dîner réchauffé ne valut jamais rien.
    Ainsi dit Gilotin ; et ce ministre sage
Sur table, au même instant, fait servir le potage.
Le prélat voit la soupe, et, plein d'un saint respect,
Demeure quelque temps muet à cet aspect.
Il cède, il dîne enfin : mais, toujours plus farouche,
Les morceaux trop hâtés se pressent dans sa bouche.
Gilotin en gémit, et, sortant de fureur,
Chez tous ses partisans va semer la terreur.
On voit courir chez lui leurs troupes éperdues,
Comme l'on voit marcher les bataillons de grues,
Quand le Pygmée altier, redoublant ses efforts,
De l'Èbre ou du Strymon vient d'occuper les bords.
A l'aspect imprévu de leur foule agréable,
Le prélat radouci veut se lever de table :
La couleur lui renaît, sa voix change de ton ;
Il fait par Gilotin rapporter un jambon.
Lui-même le premier, pour honorer la troupe,
D'un vin pur et vermeil il fait remplir sa coupe ;
Il l'avale d'un trait : et, chacun l'imitant,
La cruche au large ventre est vide en un instant.
Sitôt que du nectar la troupe est abreuvée,
On dessert : et soudain, la nappe étant levée,
Le prélat, d'une voix conforme à son malheur,
Leur confie en ces mots sa trop juste douleur :
    Illustres compagnons de mes longues fatigues,
Qui m'avez soutenu par vos pieuses ligues,
Et par qui, maître enfin d'un chapitre insensé,
Seul à MAGNIFICAT je me vois encensé ;
Souffrirez-vous toujours qu'un orgueilleux m'outrage,
Que le chantre à vos yeux détruise votre ouvrage ;

Usurpe tous mes droits, et, s'égalant à moi,
Donne à votre lutrin et le ton et la loi?
Ce matin même encor, ce n'est point un mensonge,
Une divinité me l'a fait voir en songe;
L'insolent, s'emparant du fruit de mes travaux,
A prononcé pour moi le BENEDICAT VOS.
Oui, pour mieux m'égorger, il prend mes propres armes.
　　Le prélat à ces mots verse un torrent de larmes.
Il veut, mais vainement, poursuivre son discours;
Ses sanglots redoublés en arrêtent le cours.
Le zélé Gilotin, qui prend part à sa gloire,
Pour lui rendre la voix fait rapporter à boire:
Quand Sidrac, à qui l'âge allonge le chemin,
Arrive dans la chambre, un bâton à la main.
Ce vieillard dans le chœur a déjà vu quatre âges:
Il sait de tous les temps les différents usages:
Et son rare savoir, de simple marguillier,
L'éleva par degrés au rang de chevecier.
A l'aspect du prélat qui tombe en défaillance,
Il devine son mal, il se ride, il s'avance;
Et d'un ton paternel réprimant ses douleurs:
　　Laisse au chantre, dit-il, la tristesse et les pleurs,
Prélat; et, pour sauver tes droits et ton empire,
Écoute seulement ce que le ciel m'inspire.
Vers cet endroit du chœur où le chantre orgueilleux
Montre, assis à ta gauche, un front si sourcilleux,
Sur ce rang d'ais serrés qui forment la clôture
Fut jadis un lutrin d'inégale structure,
Dont les flancs élargis de leur vaste contour
Ombrageaient pleinement tous les lieux d'alentour.
Derrière ce lutrin, ainsi qu'au fond d'un antre,
A peine sur son banc on discernait le chantre,
Tandis qu'à l'autre banc le prélat radieux,
Découvert, au grand jour, attirait tous les yeux.
Mais un démon fatal à cette ample machine,
Soit qu'une main la nuit eût hâté sa ruine,

Soit qu'ainsi de tout temps l'ordonnât le destin,
Fit tomber à nos yeux le pupitre un matin.
J'eus beau prendre le ciel et le chantre à partie,
Il fallut l'emporter dans notre sacristie,
Où depuis trente hivers, sans gloire enseveli,
Il languit tout poudreux dans un honteux oubli.
Entends-moi donc, prélat. Dès que l'ombre tranquille
Viendra d'un crêpe noir envelopper la ville,
Il faut que trois de nous, sans tumulte et sans bruit,
Partent à la faveur de la naissante nuit,
Et, du lutrin rompu réunissant la masse,
Aillent d'un zèle adroit le remettre en sa place,
Si le chantre demain ose le renverser,
Alors de cent arrêts tu le peux terrasser.
Pour soutenir tes droits, que le ciel autorise,
Abîme tout plutôt : c'est l'esprit de l'Église :
C'est par là qu'un prélat signale sa vigueur.
Ne borne pas ta gloire à prier dans un chœur.
Ces vertus dans Aleth peuvent être en usage ;
Mais dans Paris, plaidons; c'est là notre partage.
Tes bénédictions dans le trouble croissant,
Tu pourras les répandre et par vingt et par cent;
Et, pour braver le chantre en son orgueil extrême,
Les répandre à ses yeux, et le bénir lui-même.
    Ce discours aussitôt frappe tous les esprits,
Et le prélat charmé l'approuve par des cris.
Il veut, que sur-le-champ, dans la troupe on choisisse
Les trois que Dieu destine à ce pieux office :
Mais chacun prétend part à cet illustre emploi.
Le sort, dit le prélat, vous servira de loi.
    Que l'on tire au billet ceux que l'on doit élire.
Il dit, on obéit, on se presse d'écrire,
Aussitôt trente noms, sur le papier tracés,
Sont au fond d'un bonnet par billets entassés.
Pour tirer ces billets avec moins d'artifice,
Guillaume, enfant de chœur, prête sa main novice;

Son front nouveau tondu, symbole de candeur,
Rougit, en approchant, d'une honnête pudeur.
Cependant le prélat, l'œil au ciel, la main nue,
Bénit trois fois les noms, et trois fois les remue.
Il tourne le bonnet : l'enfant tire ; et Brontin
Est le premier des noms qu'apporte le destin.
Le prélat en conçoit un favorable augure,
Et ce nom dans la troupe excite un doux murmure.
On se tait ; et bientôt on voit paraître au jour
Le nom, le fameux nom du perruquier l'Amour.
Un des noms reste encore, et le prélat par grâce
Une dernière fois les brouille et les ressasse.
Chacun croit que son nom est le dernier des trois.
Mais que ne dis-tu point, ô puissant porte-croix,
Boirude, sacristain, cher appui de ton maître,
Lorsqu'aux yeux du prélat tu vis ton nom paraître !
On dit que ton front jaune et ton teint sans couleur
Perdit en ce moment son antique pâleur,
Et que ton corps goutteux, plein d'une ardeur guerrière,
Pour sauter au plancher fit deux pas en arrière.
Chacun bénit tout haut l'arbitre des humains,
Qui remet leur bon droit en de si bonnes mains.
Aussitôt on se lève ; et l'assemblée en foule,
Avec un bruit confus, par les portes s'écoule.

  Le prélat, resté seul, calme un peu son dépit,
Et jusques au souper se couche et s'assoupit.

DEUXIÈME CHANT.

Cependant cet oiseau qui prône les merveilles,
Ce monstre composé de bouches et d'oreilles,
Qui, sans cesse volant de climats en climats,
Dit partout ce qu'il sait et ce qu'il ne sait pas ;

La Renommée enfin, cette prompte courrière,
Va d'un mortel effroi glacer la perruquière ;
Lui dit que son époux, d'un faux zèle conduit,
Pour placer un lutrin doit veiller cette nuit.

   A ce triste récit, tremblante, désolée,
Elle accourt, l'œil en feu, la tête échevelée ;
Son époux s'en émeut, et son cœur éperdu
Entre deux passions demeure suspendu ;
Mais, enfin rappelant son audace première :

   Ma femme, lui dit-il d'une voix douce et fière,
Je ne veux point nier les solides bienfaits
Dont ton amour prodigue a comblé mes souhaits;
Et le Rhin de ses flots ira grossir la Loire
Avant que tes faveurs sortent de ma mémoire.
Mais ne présume pas qu'en te donnant ma foi,
L'hymen m'ait pour jamais asservi sous ta loi.
Cesse donc à mes yeux d'étaler un vain titre :
Ne m'ôte pas l'honneur d'élever un pupitre ;
Et toi-même, donnant un frein à tes désirs,
Raffermis ma vertu qu'ébranlent tes soupirs.
Que te dirai-je enfin ? C'est le ciel qui m'appelle.
Une église, un prélat, m'engage en sa querelle.
Il faut partir : j'y cours. Dissipe tes douleurs,
Et ne me trouble plus par ces indignes pleurs.

   Il la quitte à ces mots. Son amante effarée
Demeure le teint pâle et la vue égarée :
La force l'abandonne ; et sa bouche, trois fois
Voulant le rappeler, ne trouve plus de voix.
Elle fuit, et de pleurs inondant son visage,
Seule pour s'enfermer vole au cinquième étage.
Mais, d'un bouge prochain accourant à ce bruit,
Sa servante Alizon la rattrape et la suit.

   Les ombres cependant, sur la ville épandues,
Du faîte des maisons descendent dans les rues ;
Le souper hors du chœur chasse les chapelains,
Et de chantres buvants les cabarets sont pleins.

Le redouté Brontin, que son devoir éveille,
Sort à l'instant, chargé d'une triple bouteille
D'un vin dont Gilotin, qui savait tout prévoir,
Au sortir du conseil eut soin de le pourvoir.
L'odeur d'un jus si doux lui rend le faix moins rude.
Il est bientôt suivi du sacristain Boirude ;
Et tous deux, de ce pas, s'en vont avec chaleur
Du trop lent perruquier réveiller la valeur.
Partons, lui dit Brontin : déjà le jour plus sombre,
Dans les eaux s'éteignant, va faire place à l'ombre.
D'où vient ce noir chagrin que je lis dans tes yeux?
Quoi ! le pardon sonnant te retrouve en ces lieux ?
Où donc est ce grand cœur dont tantôt l'allégresse
Semblait du jour trop long accuser la paresse ?
Marche, et suis-nous du moins où l'honneur nous attend.
   Le perruquier honteux rougit en l'écoutant.
Aussitôt de longs clous il prend une poignée ;
Sur son épaule il charge une lourde cognée ;
Et derrière son dos, qui tremble sous le poids,
Il attache une scie en forme de carquois.
Il sort au même instant ; il se met à leur tête.
A suivre ce grand chef l'un et l'autre s'apprête :
Leur cœur semble allumé d'un zèle tout nouveau :
Brontin tient un maillet, et Boirude un marteau.
La Lune, qui du ciel voit leur démarche altière,
Retire en leur faveur sa paisible lumière.
La Discorde en sourit, et, les suivant des yeux,
De joie, en les voyant, pousse un cri dans les cieux.
L'air, qui gémit du cri de l'horrible déesse,
Va jusque dans Cîteaux réveiller la Mollesse.
C'est là qu'en un dortoir elle fait son séjour :
Les Plaisirs nonchalants folâtrent alentour ;
L'un pétrit dans un coin l'embonpoint des chanoines;
L'autre broie en riant le vermillon des moines :
La Volupté la sert avec des yeux dévots,
Et toujours le Sommeil lui verse des pavots.

Ce soir, plus que jamais, en vain il les redouble ;
La Mollesse à ce bruit se réveille, se trouble,
Quand la Nuit, qui déjà va tout envelopper,
D'un funeste récit vient encor la frapper,
Lui conte du prélat l'entreprise nouvelle :
Aux pieds des murs sacrés d'une sainte chapelle,
Elle a vu trois guerriers, ennemis de la paix,
Marcher à la faveur de ses voiles épais :
La Discorde en ces lieux menace de s'accroître :
Demain avec l'aurore un lutrin va paraître,
Qui doit y soulever un peuple de mutins.
Ainsi le ciel l'écrit au livre des destins.
    A ce triste discours, qu'un long soupir achève,
La Mollesse, en pleurant, sur un bras se relève,
Ouvre un œil languissant, et, d'une faible voix,
Laisse tomber ces mots, qu'elle interrompt vingt fois :
O Nuit ! que m'as-tu dit ? quel démon sur la terre
Souffle dans tous les cœurs la fatigue et la guerre ?
Hélas ! qu'est devenu ce temps, cet heureux temps,
Où les rois s'honoraient du nom de fainéants,
S'endormaient sur le trône, et, me servant sans honte,
Laissaient leur sceptre aux mains ou d'un maire ou d'un comte !
Aucun soin n'approchait de leur paisible cour :
On reposait la nuit, on dormait tout le jour.
Seulement au printemps, quand Flore dans les plaines
Faisait taire des vents les bruyantes haleines,
Quatre bœufs attelés, d'un pas tranquille et lent,
Promenaient dans Paris le monarque indolent.
Ce doux siècle n'est plus. Le ciel impitoyable
A placé sur leur trône un prince infatigable.
Il brave mes douceurs, il est sourd à ma voix :
Tous les jours il m'éveille au bruit de ses exploits.
Rien ne peut arrêter sa vigilante audace :
L'été n'a point de feux, l'hiver n'a point de glace.
J'entends à son seul nom tous mes sujets frémir.
En vain deux fois la paix a voulu l'endormir ;

Loin de moi son courage, entraîné par la gloire,
Ne se plaît qu'à courir de victoire en victoire.
Je me fatiguerais à te tracer le cours
Des outrages cruels qu'il me fait tous les jours.
Je croyais, loin des lieux d'où ce prince m'exile,
Que l'Église du moins m'assurait un asile.
Mais en vain j'espérais y régner sans effroi :
Moines, abbés, prieurs, tout s'arme contre moi.
Par mon exil honteux la Trappe est ennoblie ;
J'ai vu dans Saint-Denis la réforme établie ;
Le Carme, le Feuillant, s'endurcit aux travaux :
Et la règle déjà se remet dans Clairvaux.
Cîteaux dormait encore, et la sainte Chapelle
Conservait du vieux temps l'oisiveté fidèle :
Et voici qu'un lutrin, prêt à tout renverser,
D'un séjour si chéri vient encore me chasser !
O toi, de mon repos compagne aimable et sombre,
A de si noirs forfaits prêteras-tu ton ombre ?
Ah ! Nuit, si tant de fois, dans les bras de l'amour,
Je t'admis aux plaisirs que je cachais au jour,
Du moins ne permets pas... La Mollesse oppressée
Dans sa bouche à ce mot sent sa langue glacée ;
Et, lasse de parler, succombant sous l'effort,
Soupire, étend les bras, ferme l'œil et s'endort.

TROISIÈME CHANT.

Mais la Nuit aussitôt de ses ailes affreuses
Couvre des Bourguignons les campagnes vineuses,
Revole vers Paris, et, hâtant son retour,
Déjà de Mont-Lhéri voit la fameuse tour.
Ses murs, dont le sommet se dérobe à la vue,
Sur la cime d'un roc s'allongent dans la nue,

7

Et, présentant de loin leur objet ennuyeux,
Du passant qui le fuit semblent suivre les yeux.
Mille oiseaux effrayants, mille corbeaux funèbres,
De ces murs désertés habitent les ténèbres.
Là, depuis trente hivers, un hibou retiré
Trouvait contre le jour un refuge assuré.
Des désastres fameux ce messager fidèle
Sait toujours des malheurs la première nouvelle,
Et, tout prêt d'en semer le présage odieux,
Il attendait la Nuit dans ces sauvages lieux.
Aux cris qu'à son abord vers le ciel il envoie,
Il rend tous ses voisins attristés de sa joie.
La plaintive Progné de douleur en frémit ;
Et dans les bois prochains Philomèle en gémit.
Suis-moi, lui dit la Nuit. L'oiseau plein d'allégresse
Reconnaît à ce ton la voix de sa maîtresse.
Il la suit : et tous deux, d'un cours précipité,
De Paris à l'instant abordent la cité ;
Là, s'élançant d'un vol que le vent favorise,
Ils montent au sommet de la fatale église.
La Nuit baisse la vue, et, du haut du clocher,
Observe les guerriers, les regarde marcher.
Elle voit le barbier qui, d'une main légère,
Tient un verre de vin qui rit dans la fougère ;
Et chacun, tour à tour s'inondant de ce jus,
Célébrer, en buvant, Gilotin et Bacchus.
Ils triomphent, dit-elle, et leur âme abusée
Se promet dans mon ombre une victoire aisée :
Mais allons ; il est temps qu'ils connaissent la Nuit,
A ces mots, regardant le hibou qui la suit,
Elle perce les murs de la voûte sacrée ;
Jusqu'en la sacristie elle s'ouvre une entrée,
Et dans le ventre creux du pupitre fatal
Va placer de ce pas le sinistre animal.
    Mais les trois champions, pleins de vin et d'audace,
Du palais cependant passent la grande place ;

Et, suivant de Bacchus les auspices sacrés,
De l'auguste chapelle ils montent les degrés.
Ils atteignaient déjà le superbe portique
Où Ribou le libraire, au fond de sa boutique,
Sous vingt fidèles clefs, garde et tient en dépôt
L'amas toujours entier des écrits de Haynaut ;
Quand Boirude, qui voit que le péril approche,
Les arrête, et, tirant un fusil de sa poche,
Des veines d'un caillou, qu'il frappe au même instant,
Il fait sortir un feu qui pétille en sortant ;
Et bientôt, au brasier d'une mèche enflammée,
Montre, à l'aide du soufre, une cire allumée.
Cet astre tremblotant, dont le jour les conduit,
Est pour eux un soleil au milieu de la nuit.
Le temple à sa faveur est ouvert par Boirude :
Ils passent de la nef la vaste solitude,
Et dans la sacristie entrant, non sans terreur,
En percent jusqu'au fond la ténébreuse horreur.
   C'est là que du lutrin gît la machine énorme :
La troupe quelque temps en admire la forme.
Mais le barbier, qui tient les moments précieux :
Ce spectacle n'est pas pour amuser nos yeux,
Dit-il : le temps est cher, portons-le dans le temple :
C'est là qu'il faut demain qu'un prélat le contemple.
Et d'un bras, à ces mots, qui peut tout ébranler,
Lui-même, se courbant, s'apprête à le rouler,
Mais à peine il y touche, ô prodige incroyable !
Que du pupitre sort une voix effroyable.
Brontin en est ému ; le sacristain pâlit ;
Le perruquier commence à regretter son lit.
Dans son hardi projet toutefois il s'obstine ;
Lorsque des flancs poudreux de la vaste machine
L'oiseau sort en courroux, et, d'un cri menaçant,
Achève d'étonner le barbier frémissant :
De ses ailes dans l'air secouant la poussière,
Dans la main de Boirude il éteint la lumière.

Les guerriers à ce coup demeurent confondus ;
Ils regagnent la nef, de frayeur éperdus :
Sous leurs corps tremblotants leurs genoux s'affaiblissent,
D'une subite horreur leurs cheveux se hérissent ;
Et bientôt, au travers des ombres de la nuit,
Le timide escadron se dissipe et s'enfuit.

Ainsi lorsqu'en un coin, qui leur tient lieu d'asile,
D'écoliers libertins une troupe indocile,
Loin des yeux d'un préfet au travail assidu,
Va tenir quelquefois un brelan défendu :
Si du veillant Argus la figure effrayante
Dans l'ardeur du plaisir à leurs yeux se présente,
Le jeu cesse à l'instant, l'asile est déserté,
Et tout fuit à grands pas le tyran redouté.

La Discorde, qui voit leur honteuse disgrâce,
Dans les airs cependant tonne, éclate, menace,
Et, malgré la frayeur dont leurs cœurs sont glacés,
S'apprête à réunir ses soldats dispersés.
Aussitôt de Sidrac elle emprunte l'image :
Elle ride son front, allonge son visage,
Sur un bâton noueux laisse courber son corps,
Dont la chicane semble animer les ressorts ;
Prend un cierge en sa main, et, d'une voix cassée,
Vient ainsi gourmander la troupe terrassée :
Lâches, où fuyez-vous ? quelle peur vous abat ?
Aux cris d'un vil oiseau vous cédez sans combat !
Où sont ces beaux discours jadis si pleins d'audace ?
Craignez-vous d'un hibou l'impuissante grimace ?
Que feriez-vous, hélas ! si quelque exploit nouveau
Chaque jour, comme moi, vous traînait au barreau ;
S'il fallait, sans amis, briguant une audience,
D'un magistrat glacé soutenir la présence,
Ou, d'un nouveau procès hardi solliciteur,
Aborder sans argent un clerc de rapporteur ?
Croyez-moi, mes enfants, je vous parle à bon titre :
J'ai, moi seul autrefois, plaidé tout un chapitre ;

Et le barreau n'a point de monstres si hagards,
Dont mon œil n'ait cent fois soutenu les regards.
Tous les jours sans trembler j'assiégeais leurs passages.
L'Église était alors fertile en grands courages.
Le moindre d'entre nous, sans argent, sans appui,
Eût plaidé le prélat, et le chantre avec lui.
Le monde, de qui l'âge avance les ruines,
Ne peut plus enfanter de ces âmes divines :
Mais que vos cœurs, du moins, imitant leurs vertus,
De l'aspect d'un hibou ne soient pas abattus.
Songez quel déshonneur va souiller votre gloire,
Quand le chantre demain entendra sa victoire.
Vous verrez tous les jours le chanoine insolent,
Au seul nom de hibou, vous sourire en parlant.
Votre âme, à ce penser, de colère murmure :
Allez donc de ce pas en prévenir l'injure ;
Méritez les lauriers qui vous sont réservés,
Et ressouvenez-vous quel prélat vous servez.
Mais déjà la fureur dans vos yeux étincelle :
Marchez, courez, volez où l'honneur vous appelle!
Que le prélat, surpris d'un changement si prompt,
Apprenne la vengeance aussitôt que l'affront.

En achevant ces mots, la déesse guerrière
De son pied trace en l'air un sillon de lumière ;
Rend aux trois champions leur intrépidité,
Et les laisse tout pleins de sa divinité.

C'est ainsi, grand Condé, qu'en ce combat célèbre
Où ton bras fit trembler le Rhin, l'Escaut et l'Èbre,
Lorsqu'aux plaines de Lens nos bataillons poussés
Furent presque à tes yeux ouverts et renversés,
Ta valeur, arrêtant les troupes fugitives,
Rallia d'un regard leurs cohortes craintives ;
Répandit dans leurs rangs ton esprit belliqueux,
Et força la victoire à te suivre avec eux.

La colère à l'instant succédant à la crainte,
Ils rallument le feu de leur bougie éteinte :

Ils rentrent ; l'oiseau sort : l'escadron raffermi
Rit du honteux départ d'un si faible ennemi.
Aussitôt dans le chœur la machine emportée
Est sur le banc du chantre à grand bruit remontée.
Ses ais demi-pourris, que l'âge a relâchés,
Sont à coups de maillet unis et rapprochés,
Sous les coups redoublés tous les bancs retentissent ;
Les murs en sont émus, les voûtes en mugissent,
Et l'orgue même en pousse un long gémissement.
    Que fais-tu, chantre, hélas ! dans ce triste moment ?
Tu dors d'un profond somme ; et ton cœur sans alarmes
Ne sait pas qu'on bâtit l'instrument de tes larmes !
Oh ! que si quelque bruit, par un heureux réveil,
T'annonçait du lutrin le funeste appareil,
Avant que de souffrir qu'on en posât la masse,
Tu viendrais en apôtre expirer dans ta place ;
Et, martyr glorieux d'un point d'honneur nouveau,
Offrir ton corps aux clous et ta tête au marteau.
    Mais déjà sur ton banc la machine enclavée
Est, durant ton sommeil, à ta honte élevée.
Le sacristain achève en deux coups de rabot ;
Et le pupitre enfin tourne sur son pivot.

QUATRIÈME CHANT.

Les cloches, dans les airs, de leurs voix argentines,
Appelaient à grand bruit les chantres à matines ;
Quand leur chef, agité d'un sommeil effrayant,
Encor tout en sueur, se réveille en criant.
Aux élans redoublés de sa voix douloureuse,
Tous ses valets tremblants quittent la plume oiseuse :
Le vigilant Girot court à lui le premier.
C'est d'un maître si saint le plus digne officier ;
La porte dans le chœur à sa garde est commise :

Valet souple au logis, fier huissier à l'église.

    Quel chagrin, lui dit-il, trouble votre sommeil ?
Quoi ! voulez-vous au chœur prévenir le soleil ?
Ah ! dormez, et laissez à ces chantres vulgaires
Le soin d'aller sitôt mériter leurs salaires.

    Ami, lui dit le chantre encor pâle d'horreur,
N'insulte point, de grâce, à ma juste terreur :
Mêle plutôt ici tes soupirs à mes plaintes,
Et tremble en écoutant le sujet de mes craintes.
Pour la seconde fois un sommeil gracieux
Avait sous ses pavots appesanti mes yeux :
Quand, l'esprit enivré d'un douce fumée,
J'ai cru remplir au chœur ma place accoutumée.
Là, triomphant aux yeux des chantres impuissants,
Je bénissais le peuple, et j'avalais l'encens :
Lorsque du fond caché de notre sacristie
Une épaisse nuée à longs flots est sortie,
Qui, s'ouvrant à mes yeux, dans son bleuâtre éclat,
M'a fait voir un serpent conduit par le prélat.
Du corps de ce dragon, plein de soufre et de nitre,
Une tête sortait en forme de pupitre,
Dont le triangle affreux, tout hérissé de crins,
Surpassait en grosseur nos plus épais lutrins.
Animé par son guide, en sifflant il s'avance :
Contre moi sur mon banc je le vois qui s'élance.
J'ai crié, mais en vain : et, fuyant sa fureur,
Je me suis réveillé plein de trouble et d'horreur.

    Le chantre, s'arrêtant à cet endroit funeste,
A ses yeux effrayés laisse dire le reste.
Girot en vain l'assure, et, riant de sa peur,
Nomme sa vision l'effet d'une vapeur :
Le désolé vieillard, qui hait la raillerie,
Lui défend de parler, sort du lit en furie.
On apporte à l'instant ses somptueux habits,
Où sur l'ouate molle éclate le tabis.
D'une longue soutane il endosse la moire,

Prend ses gants violets, les marques de sa gloire ;
Et saisit, en pleurant, ce rochet qu'autrefois
Le prélat trop jaloux lui rogna de trois doigts.
Aussitôt, d'un bonnet ornant sa tête grise,
Déjà l'aumusse en main il marche vers l'église ;
Et, hâtant de ses ans l'importune langueur,
Court, vole, et, le premier, arrive dans le chœur.
     O toi qui, sur ces bords qu'une eau dormante mouille,
Vis combattre autrefois le rat et la grenouille ;
Qui, par les traits hardis d'un bizarre pinceau,
Mis l'Italie en feu pour la perte d'un seau,
Muse, prête à ma bouche une voix plus sauvage,
Pour chanter le dépit, la colère, la rage,
Que le chantre sentit allumer dans son sang,
A l'aspect du pupitre élevé sur son banc.
D'abord pâle et muet, de colère immobile,
A force de douleur, il demeura tranquille :
Mais sa voix s'échappant au travers des sanglots
Dans sa bouche, à la fin, fit passage à ces mots :
     La voilà donc, Girot, cette hydre épouvantable
Que m'a fait voir un songe, hélas ! trop véritable !
Je le vois, ce dragon, tout prêt à m'égorger,
Ce pupitre fatal qui me doit ombrager !
Prélat, que t'ai-je fait ? quelle rage envieuse
Rend pour me tourmenter ton âme ingénieuse ?
Quoi ! même dans ton lit, cruel, entre deux draps,
Ta profane fureur ne se repose pas !
O ciel ! quoi ! sur mon banc une honteuse masse
Désormais me va faire un cachot de ma place !
Inconnu dans l'église, ignoré dans ce lieu,
Je ne pourrai donc plus être vu que de Dieu !
Ah ! plutôt qu'un moment cet affront m'obscurcisse;
Renonçons à l'autel, abandonnons l'office ;
Et, sans lasser le ciel par des chants superflus,
Ne voyons plus un chœur où l'on ne nous voit plus.
Sortons.... Mais cependant mon ennemi tranquille

Jouira sur son banc de ma rage inutile,
Et verra dans le chœur le pupitre exhaussé
Tourner sur le pivot où sa main l'a placé !
Non, s'il n'est abattu, je ne saurais plus vivre.
A moi, Girot, je veux que mon bras m'en délivre.
Périssons, s'il le faut : mais de ses ais brisés,
Entraînons, en mourant, les restes divisés.

   A ces mots, d'une main par la rage affermie,
Il saisissait déjà la machine ennemie,
Lorsqu'en ce sacré lieu, par un heureux hasard,
Entrent Jean le choriste et le sonneur Girard,
Deux Manceaux renommés, en qui l'expérience
Pour les procès est jointe à la vaste science.
L'un et l'autre aussitôt prend part à son affront.
Toutefois, condamnant un mouvement trop prompt,
Du lutrin, disent-ils, abattons la machine ;
Mais ne nous chargeons pas tout seuls de sa ruine ;
Et que tantôt, aux yeux du chapitre assemblé,
Il soit sous trente mains en plein jour accablé.

   Ces mots des mains du chantre arrachent le pupitre.
J'y consens, leur dit-il ; assemblons le chapitre.
Allez donc de ce pas, par de saints hurlements,
Vous-mêmes appeler les chanoines dormants.
Partez. Mais ce discours les surprend et les glace.
Nous ! qu'en ce vain projet, pleins d'une folle audace,
Nous allions, dit Girard, la nuit nous engager !
De notre complaisance osez-vous l'exiger ?
Hé, seigneur ! quand nos cris pourraient, du fond des rues,
De leurs appartements percer les avenues,
Réveiller ces valets autour d'eux étendus,
De leur sacré repos ministres assidus,
Et pénétrer des lits au bruit inaccessibles ;
Pensez-vous, au moment que les ombres paisibles
A ces lits enchanteurs ont su les attacher,
Que la voix d'un mortel les en puisse arracher ?
Deux chantres feront-ils, dans l'ardeur de vous plaire,

Ce que depuis trente ans six cloches n'ont pu faire ?

Ah ! je vois bien où tend tout ce discours trompeur,
Reprend le chaud vieillard : le prélat vous fait peur.
Je vous ai vu cent fois sous sa main bénissante
Courber servilement une épaule tremblante.
Hé bien ! allez : sous lui fléchissez les genoux ;
Je saurai réveiller les chanoines sans vous.
Viens, Girot, seul ami qui me reste fidèle :
Prenons du saint jeudi la bruyante crécelle.
Suis-moi. Qu'à son lever le soleil aujourd'hui
Trouve tout le chapitre éveillé devant lui.

Il dit. Du fond poudreux d'une armoire sacrée
Par les mains de Girot, la crécelle est tirée.
Ils sortent à l'instant, et, par d'heureux efforts,
Du lugubre instrument font crier les ressorts.
Pour augmenter l'effroi, la Discorde infernale
Monte dans le palais, entre dans la grand'salle,
Et, du fond de cet antre, au travers de la nuit,
Fait sortir le démon du tumulte et du bruit.
Le quartier alarmé n'a plus d'yeux qui sommeillent ;
Déjà de toutes parts les chanoines s'éveillent :
L'un croit que le tonnerre est tombé sur les toits,
Et que l'église brûle une seconde fois ;
L'autre, encore agité de vapeurs plus funèbres,
Pense être au jeudi saint, croit que l'on dit ténèbres.
Et déjà tout confus, tenant midi sonné,
En soi-même frémit de n'avoir point dîné.

Ainsi, lorsque, tout prêt à briser cent murailles,
Louis, la foudre en main, abandonnant Versailles,
Au retour du soleil et des zéphyrs nouveaux,
Fait dans les champs de Mars déployer ses drapeaux ;
Au seul bruit répandu de sa marche étonnante,
Le Danube s'émeut, le Tage s'épouvante,
Bruxelle attend le coup qui la doit foudroyer,
Et le Batave encore est prêt à se noyer.

Mais en vain dans leurs lits un juste effroi les presse :

Aucun ne laisse encor la plume enchanteresse.
Pour les en arracher Girot s'inquiétant
Va crier qu'au chapitre un repas les attend.
Ce mot dans tous les cœurs répand la vigilance :
Tout s'ébranle, tout sort, tout marche en diligence,
Ils courent au chapitre, et chacun, se pressant,
Flatte d'un doux espoir son appétit naissant.
Mais, ô d'un déjeûner vaine et frivole attente !
A peine ils sont assis que, d'une voix dolente,
Le chantre désolé, lamentant son malheur,
Fait mourir l'appétit et naître la douleur.
Le seul chanoine Évrard, d'abstinence incapable,
Ose encor proposer qu'on apporte la table.
Mais il a beau presser, aucun ne lui répond :
Quand, le premier rompant ce silence profond,
Alain tousse, et se lève ; Alain, ce savant homme,
Qui de Bauny, vingt fois a lu toute la *Somme,*
Qui possède Abéli, qui sait tout Raconis,
Et même entend, dit-on, le latin d'A-Kempis.
  N'en doutez point, leur dit ce savant canoniste.
Ce coup part, j'en suis sûr, d'une main janséniste.
Mes yeux en sont témoins : j'ai vu moi-même hier
Entrer chez le prélat le chapelain Garnier.
Arnauld, cet hérétique ardent à nous détruire,
Par ce ministre adroit tente de le séduire ;
Sans doute il aura lu dans son saint Augustin
Qu'autrefois saint Louis érigea ce lutrin ;
Il va vous inonder des torrents de sa plume.
Il faut, pour lui répondre, ouvrir plus d'un volume.
Consultons sur ce point quelqu'auteur signalé ;
Voyons si des lutrins Bauny n'a point parlé.
Étudions enfin, il en est temps encore ;
Et, pour ce grand projet, tantôt dès que l'aurore
Rallumera le jour dans l'onde enseveli,
Que chacun prenne en main le moelleux Abéli.
  Ce conseil imprévu de nouveau les étonne :

Surtout le gras Évrard d'épouvante en frissonne.
Moi, dit-il, qu'à mon âge, écolier tout nouveau,
J'aille pour un lutrin me troubler le cerveau !
O le plaisant conseil ! Non, non, songeons à vivre :
Va maigrir, si tu veux, et sécher sur un livre.
Pour moi, je lis la Bible autant que l'Alcoran.
Je sais ce qu'un fermier nous doit rendre par an ;
Sur quelle vigne à Reims nous avons hypothèque :
Vingt muids rangés chez moi font ma bibliothèque.
En plaçant un pupitre on croit nous rabaisser :
Mon bras seul sans latin saura le renverser.
Que m'importe qu'Arnauld me condamne ou m'approuve
J'abats ce qui me nuit partout où je le trouve.
C'est là mon sentiment. A quoi bon tant d'apprêts ?
Du reste déjeûnons, messieurs, et buvons frais.

Ce discours, que soutient l'embonpoint du visage,
Rétablit l'appétit, réchauffe le courage :
Mais le chantre surtout en paraît rassuré.

Oui, dit-il, le pupitre a déjà trop duré.
Allons sur sa ruine assurer ma vengeance,
Donnons à ce grand œuvre une heure d'abstinence ;
Et qu'au retour tantôt un ample déjeûner
Long-temps nous tienne à table, et s'unisse au dîner.

Aussitôt il se lève, et la troupe fidèle,
Par ces mots attirants sent redoubler son zèle.
Ils marchent droit au chœur d'un pas audacieux,
Et bientôt le lutrin se fait voir à leurs yeux.
A ce terrible objet aucun d'eux ne consulte ;
Sur l'ennemi commun ils fondent en tumulte ;
Ils sapent le pivot, qui se défend en vain ;
Chacun sur lui d'un coup veut honorer sa main.
Enfin sous tant d'efforts la machine succombe,
Et son corps entr'ouvert chancelle, éclate et tombe :
Tel, sur les monts glacés des farouches Gélons,
Tombe un chêne battu des voisins aquilons ;
Ou tel, abandonné de ses poutres usées,

Fond enfin un vieux toit sous ses tuiles brisées.
    La masse est emportée, et ses ais arrachés
Sont aux yeux des mortels chez le chantre cachés.

CINQUIÈME CHANT.

    L'Aurore cependant, d'un juste effroi troublée
Des chanoines levés voit la troupe assemblée,
Et contemple long-temps, avec des yeux confus,
Ces visages fleuris qu'elle n'a jamais vus.
Chez Sidrac aussitôt Brontin d'un pied fidèle
Du pupitre abattu va porter la nouvelle.
Le vieillard de ses soins bénit l'heureux succès,
Et sur un bois détruit bâtit mille procès.
L'espoir d'un doux tumulte échauffant son courage,
Il ne sent plus le poids ni les glaces de l'âge ;
Et chez le trésorier, de ce pas, à grand bruit,
Vient étaler au jour les crimes de la nuit.
    Au récit imprévu de l'horrible insolence,
Le prélat hors du lit impétueux s'élance.
Vainement d'un breuvage, à deux mains apporté,
Gilotin avant tout le veut voir humecté :
Il veut partir à jeun. Il se peigne, il s'apprête ;
L'ivoire trop hâté deux fois rompt sur sa tête,
Et deux fois de sa main le buis tombe en morceaux ;
Tel Hercule filant rompait tous les fuseaux.
Il sort demi-paré. Mais déjà sur sa porte
Il voit de saints guerriers une ardente cohorte,
Qui tous, remplis pour lui d'une égale vigueur,
Sont prêts, pour le servir, à déserter le chœur.
Mais le vieillard condamne un projet inutile.
Nos destins sont, dit-il, écrits chez la sibylle :
Son antre n'est pas loin ; allons la consulter,

Et subissons la loi qu'elle nous va dicter.
Il dit ; à ce conseil, où la raison domine,
Sur ses pas au barreau la troupe s'achemine,
Et bientôt, dans le temple, entend, non sans frémir,
De l'antre redouté les soupiraux gémir.

Entre ces vieux appuis dont l'affreuse grand'salle
Soutient l'énorme poids de sa voûte infernale,
Et un pilier fameux, des plaideurs respecté,
Est toujours de Normands à midi fréquenté.
Là, sur des tas poudreux de sacs et de pratique,
Hurle tous les matins une sibylle étique :
On l'appelle Chicane, et ce monstre odieux
Jamais pour l'équité n'eut d'oreilles ni d'yeux.
La Disette au teint blême, et la triste Famine,
Les Chagrins dévorants, et l'infâme Ruine,
Enfants infortunés de ses raffinements,
Troublent l'air d'alentour de longs gémissements.
Sans cesse feuilletant les lois et la coutume,
Pour consumer autrui, le monstre se consume ;
Et, dévorant maisons, palais, châteaux entiers,
Rend pour des monceaux d'or de vains tas de papiers.
Sous le coupable effort de sa noire insolence
Thémis a vu cent fois chanceler sa balance.
Incessamment il va de détour en détour :
Comme un hibou, souvent il se dérobe au jour.
Tantôt, les yeux en feu, c'est un lion superbe ;
Tantôt, humble serpent, il se glisse sous l'herbe.
En vain, pour le dompter, le plus juste des rois
Fit régler le chaos des ténébreuses lois :
Ses griffes, vainement par Pussort accourcies,
Se rallongent déjà, toujours d'encre noircies ;
Et ses ruses, perçant et digues et remparts,
Par cent brèches déjà rentrent de toutes parts.

Le vieillard humblement l'aborde et la salue ;
Et faisant, avant tout, briller l'or à sa vue :
Reine des longs procès, dit-il, dont le savoir

Rend la force inutile, et les lois sans pouvoir,
Toi, pour qui dans le Mans le laboureur moissonne,
Pour qui naissent à Caen tous les fruits de l'automne :
Si dès mes premiers ans, heurtant tous les mortels,
L'encre a toujours pour moi coulé sur tes autels,
Daigne encor me connaître en ma saison dernière :
D'un prélat qui t'implore exauce la prière.
Un rival orgueilleux, de sa gloire offensé,
A détruit le lutrin par nos mains redressé.
Épuise en sa faveur ta science fatale ;
Du digeste et du code ouvre-nous le dédale,
Et montre-nous cet art, connu de tes amis,
Qui, dans ses propres lois, embarrasse Thémis.
La sibylle, à ces mots, déjà hors d'elle-même,
Fait lire sa fureur sur son visage blême,
Et, pleine du démon qui la vient oppresser,
Par ces mots étonnants tâche à le repousser :
      Chantres, ne craignez plus une audace insensée.
Je vois, je vois au chœur la masse replacée ;
Mais il faut des combats. Tel est l'arrêt du sort :
Et surtout   évitez un dangereux accord.
      Là bornant son discours, encor tout écumante,
Elle souffle aux guerriers l'esprit qui la tourmente,
Et dans leurs cœurs brûlant de la soif de plaider
Verse l'amour de nuire et la peur de céder.
      Pour tracer à loisir une longue requête,
A retourner chez soi leur brigade s'apprête.
Sous leurs pas diligents le chemin disparaît,
Et le pilier, loin d'eux, déjà baisse et décroît.
      Loin du bruit cependant les chanoines à table
Immolent trente mets à leur faim indomptable.
Leur appétit fougueux, par l'objet excité,
Parcourt tous les recoins d'un monstrueux pâté ;
Par le sel irritant la soif est allumée ;
Lorsque d'un pied léger la prompte Renommée
Semant partout l'effroi, vient au chantre éperdu

Conter l'affreux détail de l'oracle rendu.
Il se lève, enflammé de muscat et de bile,
Et prétend à son tour consulter la sibylle.
Évrard a beau gémir du repas déserté,
Lui-même est au barreau par le nombre emporté.
Par les détours étroits d'une barrière oblique,
Ils gagnent les degrés, et le perron antique
Où sans cesse étalant bons et méchants écrits,
Barbin vend aux passants des auteurs à tout prix.
    Là le chantre à grand bruit arrive et se fait place,
Dans le fatal instant que, d'une égale audace,
Le prélat et sa troupe, à pas tumultueux,
Descendaient du palais l'escalier tortueux.
L'un et l'autre rival, s'arrêtant au passage,
Se mesure des yeux, s'observe, s'envisage.
Une égale fureur anime leurs esprits :
Tels deux fougueux taureaux, de jalousie épris,
Auprès d'une génisse, au front large et superbe,
Oubliant tous les jours le pâturage et l'herbe,
A l'aspect l'un de l'autre embrasés, furieux,
Déjà le front baissé, se menacent des yeux.
Mais Évrard, en passant coudoyé par Boirude,
Ne sait point contenir son aigre inquiétude :
Il entre chez Barbin, et, d'un bras irrité,
Saisissant du Cyrus un volume écarté,
Il lance au sacristain le tome épouvantable.
Boirude fuit le coup : le volume effroyable
Lui rase le visage, et, droit dans l'estomac,
Va frapper en sifflant l'infortuné Sidrac.
Le vieillard, accablé de l'horrible Artamène,
Tombe aux pieds du prélat, sans pouls et sans haleine.
Sa troupe le croit mort, et chacun empressé
Se croit frappé du coup dont il le voit blessé.
Aussitôt contre Évrard vingt champions s'élancent ;
Pour soutenir leur choc les chanoines s'avancent.
La Discorde triomphe, et du combat fatal

Par un cri donne en l'air l'effroyable signal.

   Chez le libraire absent tout entre, tout se mêle :
Les livres sur Évrard fondent comme la grêle
Qui, dans un grand jardin, à coups impétueux,
Abat l'honneur naissant des rameaux fructueux.
Chacun s'arme au hasard du livre qu'il rencontre.
L'un tient l'Édit d'amour, l'autre en saisit la Montre ;
L'un prend le seul Jonas qu'on ait vu relié ;
L'autre, un Tasse français en naissant oublié.
L'élève de Barbin, commis à la boutique,
Veut en vain s'opposer à leur fureur gothique ;
Les volumes, sans choix à la tête jetés,
Sur le perron poudreux volent de tous côtés :
Là, près d'un Guarini, Térence tombe à terre ;
Là, Xénophon dans l'air, heurte contre un La Serre.
Oh ! que d'écrits obscurs, de livres ignorés,
Furent en ce grand jour de la poudre tirés !
Vous en fûtes tirés, Almérinde et Simandre ;
Et toi, rebut du peuple, inconnu Caloandre,
Dans ton repos, dit-on, saisi par Gaillerbois,
Tu vis le jour alors pour la première fois.
Chaque coup sur la chair laisse une meurtrissure ;
Déjà plus d'un guerrier se plaint d'une blessure.
D'un Le Vayer épais Girot est renversé ;
Marineau, d'un Brébeuf à l'épaule blessé,
En sent par tout le bras une douleur amère,
Et maudit la Pharsale aux provinces si chère.
D'un Pinchêne in-quarto Dodillon étourdi
A long-temps le teint pâle et le cœur affadi.
Au plus fort du combat, le chapelain Garagne,
Vers le sommet du front atteint d'un Charlemagne,
(Des vers de ce poème effet prodigieux !)
Tout prêt à s'endormir, bâille, et ferme les yeux.
A plus d'un combattant la Clélie est fatale :
Girou dix fois par elle éclate et se signale.
Mais tout cède aux efforts du chanoine Fabri.

Ce guerrier, dans l'église aux querelles nourri,
Est robuste de corps, terrible de visage,
Et de l'eau dans son vin n'a jamais su l'usage.
Il terrasse lui seul et Guibert et Grasset,
Et Gorillon la basse, et Grandin le fausset,
Et Gerbais l'agréable, et Guérin l'insipide.
   Des chantres désormais la brigade timide
S'écarte, et du palais regagne les chemins.
Telle, à l'aspect d'un loup, terreur des champs voisins,
Fuit d'agneaux effrayés une troupe bêlante :
Ou tels devant Achille, aux campagnes du Xanthe,
Les Troyens se sauvaient à l'abri de leurs tours.
Quand Brontin à Boirude adresse ce discours :
   Illustre porte-croix, par qui notre bannière
N'a jamais en marchant fait un pas en arrière,
Un chanoine lui seul triomphant du prélat
Du rochet à nos yeux ternira-t-il l'éclat ?
Non, non : pour te couvrir de sa main redoutable,
Accepte de mon corps l'épaisseur favorable.
Viens, et, sous ce rempart, à ce guerrier hautain
Fais voler ce Quinault qui me reste à la main.
A ces mots, il lui tend le doux et tendre ouvrage.
Le sacristain, bouillant de zèle et de courage,
Le prend, se cache, approche, et, droit entre les yeux,
Frappe du noble écrit l'athlète audacieux.
Mais c'est pour l'ébranler une faible tempête,
Le livre sans vigueur mollit contre sa tête.
Le chanoine les voit, de colère embrasé :
Attendez, leur dit-il, couple lâche et rusé,
Et jugez si ma main, aux grands exploits novice,
Lance à mes ennemis un livre qui mollisse.
   A ces mots il saisit un viel *Infortiat,*
Grossi des visions d'Accurse et d'Alciat,
Inutile ramas de gothique écriture,
Dont quatre ais mal unis formaient la couverture,
Entourée à demi d'un vieux parchemin noir

Où pendait à trois clous un reste de fermoir.
Sur l'ais qui le soutient auprès d'un Avicène,
Deux des plus forts mortels l'ébranleraient à peine :
Le chanoine pourtant l'enlève sans effort,
Et, sur le couple pâle, et déjà demi-mort,
Fait tomber à deux mains l'effroyable tonnerre.
Les guerriers de ce coup vont mesurer la terre,
Et, du bois et des clous meurtris et déchirés,
Long-temps, loin du perron, roulent sur les degrés.
    Au spectacle étonnant de leur chute imprévue,
Le prélat pousse un cri qui pénètre la nue.
Il maudit dans son cœur le démon des combats,
Et de l'horreur du coup il recule six pas.
Mais bientôt, rappelant son antique prouesse,
Il tire du manteau sa dextre vengeresse :
Il part, et de ses doigts saintement allongés
Bénit tous les passants, en deux files rangés.
Il sait que l'ennemi, que ce coup va surprendre,
Désormais sur ses pieds ne l'oserait attendre,
Et déjà voit pour lui tout le peuple en courroux
Crier aux combattants : Profanes, à genoux !
Le chantre, qui de loin voit approcher l'orage,
Dans son cœur éperdu cherche en vain du courage,
Sa fierté l'abandonne ; il tremble, il cède, il fuit.
Le long des sacrés murs sa brigade le suit :
Tout s'écarte à l'instant ; mais aucun n'en réchappe ;
Partout le doigt vainqueur les suit et les rattrape.
Évrard seul, en un coin prudemment retiré,
Se croyait à couvert de l'insulte sacré :
Mais le prélat vers lui fait une marche adroite ;
Il l'observe de l'œil ; et, tirant vers la droite,
Tout d'un coup tourne à gauche, et d'un bras fortuné
Bénit subitement le guerrier consterné.
Le chanoine, surpris de la foudre mortelle,
Se dresse, et lève en vain une tête rebelle ;
Sur ses genoux tremblants il tombe à cet aspect,

Et donne à la frayeur ce qu'il doit au respect.

Dans le temple aussitôt le prélat plein de gloire
Va goûter les doux fruits de sa sainte victoire ;
Et de leur vain projet les chanoines punis
S'en retournent chez eux éperdus et bénits.

SIXIÈME CHANT.

Tandis que tout conspire à la guerre sacrée,
La Piété sincère, aux Alpes retirée,
Du fond de son désert entend les tristes cris
De ses sujets cachés dans les murs de Paris.
Elle quitte à l'instant sa retraite divine :
La Foi, d'un pas certain, devant elle chemine ;
L'Espérance au front gai l'appuie et la conduit ;
Et, la bourse à la main, la Charité la suit.
Vers Paris elle vole, et, d'une audace sainte,
Vient aux pieds de Thémis proférer cette plainte :
    « Vierge, effroi des méchants, appui de mes autels,
Qui, la balance en main, règles tous les mortels,
Ne viendrai-je jamais en tes bras salutaires
Que pousser des soupirs et pleurer mes misères !
Ce n'est donc pas assez qu'au mépris de tes lois
L'Hypocrisie ait pris et mon nom et ma voix ;
Que, sous ce nom sacré partout ses mains avares
Cherchent à me ravir crosses, mitres, tiares !
Faudra-t-il voir encor cent monstres furieux
Ravager mes États usurpés à tes yeux !
Dans les temps orageux de mon naissant empire,
Au sortir du baptême on courait au martyre ;
Chacun, plein de mon nom, ne respirait que moi ;
Le fidèle, attentif aux règles de sa loi,
Fuyant des vanités la dangereuse amorce,

Aux honneurs appelé, n'y montait que par force :
Ces cœurs, que les bourreaux ne faisaient point frémir,
A l'offre d'une mitre étaient prêts à gémir ;
Et, sans peur des travaux, sur mes traces divines
Couraient chercher le ciel au travers des épines.
Mais, depuis que l'Église eut, aux yeux des mortels,
De son sang en tous lieux cimenté ses autels,
Le calme dangereux succédant aux orages,
Une lâche tiédeur s'empara des courages :
De leur zèle brûlant l'ardeur se ralentit ;
Sous le joug des péchés leur foi s'appesantit :
Le moine secoua le cilice et la haire ;
Le chanoine indolent apprit à ne rien faire ;
Le prélat, par la brigue aux honneurs parvenu,
Ne sut plus qu'abuser d'un ample revenu,
Et pour toutes vertus fit, au dos d'un carrosse,
A côté d'une mitre armorier sa crosse.
L'Ambition partout chassa l'Humilité ;
Dans la crasse du froc logea la Vanité.
Alors de tous les cœurs l'union fut détruite.
Dans mes cloîtres sacrés la Discorde introduite
Y bâtit de mon bien ses plus sûrs arsenaux ;
Traîna tous mes sujets au pied des tribunaux.
En vain à ses fureurs j'opposai mes prières ;
L'insolente, à mes yeux, marcha sous mes bannières.
Pour comble de misère, un tas de faux docteurs
Vint flatter les péchés de discours imposteurs ;
Infectant les esprits d'exécrables maximes,
Voulut faire à Dieu même approuver tous les crimes.
Une servile peur tint lieu de charité ;
Le besoin d'aimer Dieu passa pour nouveauté :
Et chacun à mes pieds, conservant sa malice,
N'apporta de vertu que l'aveu de son vice.
    Pour éviter l'affront de ces noirs attentats,
Je vins chercher le calme au séjour des frimas,
Sur ces monts entourés d'une éternelle glace

Où jamais au printemps les hivers n'ont fait place.
Mais, jusque dans la nuit de mes sacrés déserts,
Le bruit de mes malheurs fait retentir les airs.
Aujourd'hui même encore une voix trop fidèle
M'a d'un triste désastre apporté la nouvelle :
J'apprends que, dans ce temple où le plus saint des rois
Consacra tout le fruit de ses pieux exploits,
Et signala pour moi sa pompeuse largesse,
L'implacable Discorde et l'infàme Mollesse,
Foulant aux pieds les lois, l'honneur et le devoir,
Usurpent en mon nom le souverain pouvoir.
Souffriras-tu, ma sœur, une action si noire ?
Quoi ! ce temple, à ta porte élevé pour ma gloire,
Où jadis des humains j'attirais tous les vœux,
Sera de leurs combats le théâtre honteux !
Non, non, il faut enfin que ma vengeance éclate :
Assez et trop long-temps l'impunité les flatte.
Prends ton glaive, et, fondant sur ces audacieux,
Viens aux yeux des mortels justifier les cieux.
Ainsi parle à sa sœur cette vierge enflammée :
La grâce est dans ses yeux d'un feu pur allumée.
Thémis sans différer lui promet son secours,
La flatte, la rassure, et lui tient ce discours :
    Chère et divine sœur, dont les mains secourables
Ont tant de fois séché les pleurs des misérables,
Pourquoi toi-même, en proie à tes vives douleurs,
Cherches-tu sans raison à grossir tes malheurs ?
En vain de tes sujets l'ardeur est ralentie ;
D'un ciment éternel ton Église est bâtie ;
Et jamais de l'enfer les noirs frémissements
N'en sauraient ébranler les fermes fondements.
Au milieu des combats, des troubles, des querelles,
Ton nom encor chéri vit au sein des fidèles.
Crois-moi, dans ce lieu même où l'on veut t'opprimer ,
Le trouble qui t'étonne est facile à calmer :
Et, pour y rappeler la paix tant désirée,

Je vais t'ouvrir, ma sœur, une route assurée.
Prête-moi donc l'oreille, et retiens tes soupirs.
Vers ce temple fameux, si cher à tes désirs,
Où le ciel fut pour toi si prodigue en miracles,
Non loin de ce palais où je rends mes oracles,
Est un vaste séjour des mortels révéré,
Et de clients soumis à toute heure entouré.
Là, sous le faix pompeux de ma pourpre honorable,
Veille au soin de ma gloire un homme incomparable,
Ariste, dont le ciel et Louis ont fait choix
Pour régler ma balance et dispenser mes lois.
Par lui dans le barreau sur mon trône affermie,
Je vois hurler en vain la chicane ennemie :
Par lui la vérité ne craint plus l'imposteur,
Et l'orphelin n'est plus dévoré du tuteur.
Mais pourquoi vainement t'en retracer l'image ?
Tu le connais assez ; Ariste est ton ouvrage.
C'est toi qui le formas dès ses plus jeunes ans :
Son mérite sans tache est un de tes présents.
Tes divines leçons, avec le lait sucées,
Allumèrent l'ardeur de ses nobles pensées.
Aussi son cœur, pour toi brûlant d'un si beau feu,
N'en fit point dans le monde un lâche désaveu ;
Et son zèle hardi, toujours prêt à paraître,
N'alla point se cacher dans les ombres d'un cloître.
Va le trouver, ma sœur : à ton auguste nom,
Tout s'ouvrira d'abord en sa sainte maison.
Ton visage est connu de sa noble famille ;
Tout y garde tes lois, enfants, sœur, femme, fille.
Tes yeux d'un seul regard sauront le pénétrer ;
Et, pour obtenir tout, tu n'as qu'à te montrer.
   Là s'arrête Thémis. La Piété charmée
Sent renaître la joie en son âme calmée.
Elle court chez Ariste, et, s'offrant à ses yeux :
   Que me sert, lui dit-elle, Ariste, qu'en tous lieux
Tu signales pour moi ton zèle et ton courage,

Si la Discorde impie à ta porte m'outrage ?
Deux puissants ennemis, par elle envenimés,
Dans ces murs, autrefois si saints, si renommés,
A mes sacrés autels font un profane insulte,
Remplissent tout d'effroi, de trouble et de tumulte.
De leur crime à leurs yeux va-t'en peindre l'horreur :
Sauve-moi, sauve-les de leur propre fureur.

Elle sort à ces mots. Le héros en prière
Demeure tout couvert de feux et de lumière.
De la céleste fille il reconnaît l'éclat,
Et mande au même instant le chantre et le prélat.

Muse, c'est à ce coup que mon esprit timide
Dans sa course élevée a besoin qu'on le guide,
Pour chanter par quels soins, par quels nobles travaux,
Un mortel sut fléchir ses superbes rivaux.

Mais plutôt, toi qui fis ce merveilleux ouvrage,
Ariste, c'est à toi d'en instruire notre âge.
Seul tu peux révéler par quel art tout-puissant
Tu rendis tout à coup le chantre obéissant.
Tu sais par quel conseil rassemblant le chapitre
Lui-même, de sa main, reporta le pupitre ;
Et comment le prélat, de ses respects content,
Le fit du banc fatal enlever à l'instant.
Parle donc : c'est à toi d'éclaircir ces merveilles.
Il me suffit pour moi d'avoir su, par mes veilles,
Jusqu'au sixième chant pousser ma fiction,
Et fait d'un vain pupitre un second Ilion.
Finissons. Aussi bien, quelqu'ardeur qui m'inspire,
Quand je songe au héros qui me reste à décrire,
Qu'il faut parler de toi, mon esprit éperdu
Demeure sans parole, interdit, confondu.

Ariste, c'est ainsi qu'en ce sénat illustre
Où Thémis, par tes soins, reprend son premier lustre,
Quand, la première fois, un athlète nouveau
Vient combattre en champ clos aux joûtes du barreau,
Souvent sans y penser ton auguste présence

Troublant par trop d'éclat sa timide éloquence,
Le nouveau Cicéron, tremblant, décoloré,
Cherche en vain son discours sur sa langue égaré :
En vain, pour gagner temps, dans ses transes affreuses,
Traîne du dernier mot les syllabes honteuses ;
Il hésite, il bégaye : et le triste orateur
Demeure enfin muet aux yeux du spectateur.

ÉPIGRAMMES

ET POÉSIES DIVERSES.

ÉPIGRAMMES

ET POÉSIES DIVERSES.

STANCES A MOLIÈRE,

Sur sa comédie de l'École des Femmes.
(1633.)

En vain mille jaloux esprits,
Molière, osent avec mépris
Censurer ton plus bel ouvrage :
Sa charmante naïveté
S'en va pour jamais, d'âge en âge,
Divertir la postérité.

Que tu ris agréablement !
Que tu badines savamment !
Celui qui sut vaincre Numance,
Qui mit Carthage sous sa loi,
Jadis sous le nom de Térence
Sut-il mieux badiner que toi ?

Ta muse avec utilité
Dit plaisamment la vérité ;
Chacun profite à ton École :
Tout en est beau, tout en est bon ;
Et ta plus burlesque parole
Est souvent un docte sermon.

Laisse gronder ces envieux :
Ils ont beau crier en tous lieux
Qu'en vain tu charmes le vulgaire,
Que tes vers n'ont rien de plaisant.
Si tu savais un peu moins plaire,
Tu ne leur déplairais pas tant.

I.

A RACINE. (1674.)

Racine, plains ma destinée.
C'est demain la triste journée,
Où le prophète Desmarets,
Armé de cette même foudre
Qui mit le Port-Royal en poudre,
Va me percer de mille traits.
C'en est fait, mon heure est venue.
Non que ma muse, soutenue
De tes judicieux avis,
N'ait assez de quoi le confondre :
Mais, cher ami, pour lui répondre,
Hélas ! il faut lire Clovis.

II.

CONTRE SAINT-SORLAIN.

Dans le palais hier Bilain
Voulait gager contre Ménage
Qu'il était faux que Saint-Sorlain
Contre Arnauld eût fait un ouvrage ;
Il en a fait, j'en sais le temps,
Dit un des plus fameux libraires.
Attendez... c'est depuis vingt ans.
On en tira cent exemplaires.

C'est beaucoup, dis-je, en m'approchant;
La pièce n'est pas si publique.
Il faut compter, dit le marchand,
Tout est encor dans ma boutique.

A PRADON ET BONNECORSE. (1685.)

—

III.

Venez, Pradon et Bonnecorse,
Grands écrivains de même force,
De vos vers recevoir le prix;
Venez prendre dans mes écrits
La place que vos noms demandent:
Linière et Perrin vous attendent.

—

IV.

CONTRE L'ABBÉ COTIN.

En vain par mille et mille outrages,
Mes ennemis, dans leurs ouvrages,
Ont cru me rendre affreux aux yeux de l'univers:
Cotin, pour décrier mon style,
A pris un chemin plus facile,
C'est de m'attribuer ses vers.

V.

CONTRE LE MÊME.

A quoi bon tant d'efforts, de larmes et de cris,
Cotin, pour faire ôter ton nom de mes ouvrages,
Si tu veux du public éviter les outrages,
Fais effacer ton nom de tes propres écrits.

———

VI.

CONTRE UN ATHÉE.

Alidor assis dans sa chaise,
Médisant du ciel à son aise,
Peut bien médire aussi de moi.
Je ris de ses discours frivoles :
On sait fort bien que ses paroles
Ne sont pas articles de foi.

———

VII.

VERS

En style de Chapelain.

Maudit soit l'auteur dur, dont l'âpre et rude verve,
Son cerveau tenaillant, rima malgré Minerve;
Et, de son lourd marteau martelant le bon sens,
A fait de méchants vers douze fois douze cents.

VIII.

IMITATION DE MARTIAL.

Paul, ce grand médecin, l'effroi de son quartier,
Qui causa plus de maux que la peste et la guerre,
Est curé maintenant, et met les gens en terre,
Il n'a point changé de métier.

———

IX.

SUR UNE HARANGUE D'UN MAGISTRAT,

Dans laquelle les procureurs étaient fort maltraités.

Lorsque, dans ce sénat à qui tout rend hommage,
Vous haranguez en vieux langage,
Paul, j'aime à vous voir, en fureur,
Gronder maint et maint procureur;
Car leurs chicanes sans pareilles
Méritent bien ce traitement.
Mais que vous ont fait nos oreilles,
Pour les traiter si durement?

X.

SUR L'AGÉSILAS DE P. CORNEILLE. (1666.)

J'ai vu l'Agésilas,
Hélas!

XI.

SUR L'ATTILA DU MÊME AUTEUR. (1667.)

Après l'Agésilas,
Hélas !
Mais après l'Attila,
Holà !

XII.

SUR LA MANIÈRE DE RÉCITER

Du poète Santeuil.

Quand j'aperçois, sous ce portique
Ce moine au regard fanatique,
Lisant ses vers audacieux,
Faits pour les habitants des cieux,
Ouvrir une bouche effroyable,
S'agiter, se tordre les mains ;
Il me semble en lui voir le diable,
Que Dieu force à louer les saints.

XIII.

A LA FONTAINE DE BOURBON.

Oui, vous pouvez chasser l'humeur apoplectique,
Rendre le mouvement au corps paralytique,
Et guérir tous les maux les plus invétérés.
Mais quand je lis ces vers par votre onde inspirés,
Il me paraît, admirable Fontaine,
Que vous n'eûtes jamais la vertu d'Hippocrène.

XIV.

L'AMATEUR D'HORLOGES. (1704.)

Sans cesse autour de six pendules,
De deux montres, de trois cadrans,
Lubin, depuis trente et quatre ans,
Occupe ses soins ridicules.
Mais à ce métier, s'il vous plaît,
A-t-il acquis quelque science ?
Sans doute ; et c'est l'homme de France
Qui sait le mieux l'heure qu'il est.

———

XV.

SUR CE QU'ON AVAIT LU A L'ACADÉMIE
Des vers contre Homère et contre Virgile.

Clio vint l'autre jour se plaindre au dieu des vers
 Qu'en certain lieu de l'univers
On traitait d'auteurs froids, de poètes stériles,
 Les Homères et les Virgiles.
Cela ne saurait être ; on s'est moqué de vous,
 Reprit Apollon en courroux :
Où peut-on avoir dit une telle infamie ?
Est-ce chez les Hurons, chez les Topinambous !
— C'est à Paris. — C'est donc à l'hôpital des fous ?
 — Non, c'est au Louvre, en pleine Académie.

XVI.

A PERRAULT

Sur le même sujet. (1687.)

Pour quelque vain discours sottement avancé
Contre Homère, Platon, Cicéron ou Virgile,
Caligula partout fut traité d'insensé,
Néron de furieux, Adrien d'imbécile.
    Vous donc, qui dans la même erreur,
Avec plus d'ignorance et non moins de fureur,
Attaquez ces héros de la Grèce et de Rome,
    Perrault, fussiez-vous empereur,
    Comment voulez-vous qu'on vous nomme?

———

XVII.

AU MÊME. (1687.)

Ton oncle, dis-tu, l'assassin
M'a guéri d'une maladie :
La preuve qu'il ne fut jamais mon médecin,
C'est que je suis encore en vie.

XVIII.

FABLE D'ÉSOPE

Le Bûcheron et la Mort.

Le dos chargé de bois, et le corps tout en eau,
Un pauvre bûcheron, dans l'extrême vieillesse,
Marchait en haletant de peine et de détresse.
Enfin, las de souffrir, jetant là son fardeau,
Plutôt que de s'en voir accablé de nouveau,
Il souhaite la Mort, et cent fois il l'appelle.
La Mort vint à la fin : Que veux-tu ? cria-t-elle.
Qui ? moi ! dit-il alors, prompt à se corriger :
    Que tu m'aides à me charger.

XIX.

LE DÉBITEUR RECONNAISSANT. (1681.)

Je l'assistai dans l'indigence;
Il ne me rendit jamais rien.
Mais, quoiqu'il me dût tout son bien,
Sans peine il souffrait ma présence.
Oh ! la rare reconnaissance !

XX

ÉNIGME. (1655.)

Du repos des humains implacable ennemie,
J'ai rendu mille amants envieux de mon sort.
Je me repais de sang, et je trouve ma vie
Dans les bras de celui qui recherche ma mort.

XXI.

SUR UN PORTRAIT DE ROSSINANTE,

Cheval de don Quichotte. (1653, 1656.)

Tel fut ce roi des bons chevaux,
Rossinante, la fleur des coursiers d'Ibérie,
Qui, trottant jour et nuit, et par monts et par vaux,
Galopa, dit l'histoire, une fois en sa vie.

XXII.

SUR HOMÈRE. (17...)

Ἤειδον μὲν ἐγών · ἐχάρασσε δὲ Θεῖος Ὅμηρος.

Cantabam quidem ego: scribebat autem divus Homerus.

Quand la dernière fois, dans le sacré vallon,
La troupe des neuf sœurs, par l'ordre d'Apollon,

Lut l'Iliade et l'Odyssée,
Chacune à les louer se montrant empressée :
Apprenez un secret qu'ignore l'univers,
Leur dit alors le dieu des vers :
Jadis avec Homère, aux rives du Permesse,
Dans ce bois de laurier, où seul il me suivait,
Je les fis toutes deux, plein d'une douce ivresse.
Je chantais, Homère écrivait.

XXIII.

VERS

Pour mettre sous le buste du roi. (1688.)

C'est ce roi si fameux dans la paix, dans la guerre,
Qui fait seul à son gré le destin de la terre.
Tout reconnaît ses lois, ou brigue son appui.
De ses affreux combats le Rhin frémit encore,
Et l'Europe en cent lieux a vu fuir devant lui
Tous ces héros si fiers que l'on voit aujourd'hui
Faire fuir l'Ottoman au delà du Bosphore.

XXIV.

VERS

Pour mettre au bas du portrait de Mademoiselle de Lamoignon. (1687.)

Aux sublimes vertus nourrie en sa famille,
Cette admirable et sainte fille

En tous lieux signala son humble piété ;
Jusqu'aux climats où naît et finit la clarté,
Fit ressentir l'effet de ses soins secourables ;
Et jour et nuit, pour Dieu pleine d'activité,
Consuma son repos, ses biens et sa santé,
A soulager les maux de tous les misérables.

———

XXV.

VERS

Pour mettre au bas du portrait de Tavernier, le célèbre voyageur. (1694.)

De Paris à Delli, du couchant à l'aurore,
Ce fameux voyageur courut plus d'une fois :
De l'Inde et de l'Hydaspe il fréquenta les rois ;
Et sur les bords du Gange on le révère encore.
En tous lieux sa vertu fut son plus sûr appui ;
Et, bien qu'en nos climats de retour aujourd'hui,
    En foule à nos yeux il présente
Les plus rares trésors que le soleil enfante,
Il n'a rien apporté de si rare que lui.

———

XXVI.

VERS

Pour mettre au bas du portrait de mon père.

Ce greffier doux et pacifique,
De ses enfants au sang critique

N'eut point le talent redouté ;
Mais, fameux par sa probité,
Reste de l'or du siècle antique,
Sa conduite dans le palais,
Partout pour exemple citée,
Mieux que leur plume si vantée
Fit la satire des Rolets.

—

XXVII.

ÉPITAPHE DE LA MÈRE DE L'AUTEUR.

Épouse d'un mari doux, simple, officieux,
Par la même douceur je sus plaire à ses yeux :
Nous ne sûmes jamais ni railler, ni médire.
Passant, ne t'enquiers point si de cette bonté
        Tous mes enfants ont hérité :
Lis seulement ces vers et garde-toi d'écrire.

—

XXVIII.

VERS

Pour mettre sous le portrait de La Bruyère, au-devant de son livre DES CARACTÈRES DE CE SIÈCLE.

Tout esprit orgueilleux, qui s'aime,
Par mes leçons se voit guéri,

9

Et dans mon livre si chéri
Apprend à se haïr soi-même.

—

XXIX.

ÉPITAPHE D'ARNAUD,

Docteur de Sorbonne.

Au pied de cet autel de structure grossière,
Gît sans pompe, enfermé dans une vile bière,
Le plus savant mortel qui jamais ait écrit,
Arnaud, qui sur la grâce instruit par Jésus-Christ,
Combattant pour l'Église, a dans l'Église même
Souffert plus d'un outrage et plus d'un anathème.
Plein du feu qu'en son cœur souffla l'Esprit divin,
Il terrassa Pélage, il foudroya Calvin ;
De tous les faux docteurs confondit la morale ;
Mais, pour fruit de son zèle, on l'a vu rebuté,
En cent lieux opprimé par leur noire cabale,
Errant, pauvre, banni, proscrit, persécuté.
Et même par sa mort leur fureur mal éteinte
N'aurait jamais laissé ses cendres en repos,
Si Dieu lui-même ici de son ouaille sainte
A ces loups dévorants n'avait caché les os.

XXX.

VERS

Pour mettre au bas du portrait de M. Hamon, médecin.

Tout brillant de savoir, d'esprit et d'éloquence,
Il courut au désert chercher l'obscurité ;
Aux pauvres consacra ses biens et sa science ;
Et, trente ans dans le jeûne et dans l'obscurité,
     Fit son unique volupté
    Des travaux de la pénitence.

—

XXXI.

SUR MON BUSTE DE MARBRE,

Fait par Girardon, premier sculpteur du roi.

    Grâce au Phidias de notre âge,
Me voilà sûr de vivre autant que l'univers :
Et, ne connût-on plus ni mon nom ni mes vers,
Dans ce marbre fameux, taillé sur mon visage,
De Girardon toujours on vantera l'ouvrage.

XXXII.

RÉPONSE AUX VERS DU PORTRAIT

Oui, Le Verrier, c'est là mon fidèle portrait ;
 Et le graveur, en chaque trait,
A su très-finement tracer sur mon visage
De tout faux bel esprit l'ennemi redouté.
Mais, dans les vers pompeux qu'au bas de cet ouvrage
Tu me fais prononcer avec tant de fierté,
 D'un ami de la vérité
 Qui peut reconnaître l'image ?

XXXIII.

VERS

Pour mettre au bas du portrait de Racine,

Du théâtre français l'honneur et la merveille,
Il sut ressusciter Sophocle en ses écrits ;
Et, dans l'art d'enchanter les cœurs et les esprits.
Surpasser Euripide et balancer Corneille.

XXXIV.

VERS

Pour mettre au bas de mon portrait,

Au joug de la raison asservissant la rime,
Et, même en imitant, toujours original,
J'ai su dans mes écrits, docte, enjoué, sublime,
Rassembler en moi Perse, Horace et Juvénal.

FIN.

VIC (MEURTHE), IMPRIMERIE DE MARCEL AÎNÉ.

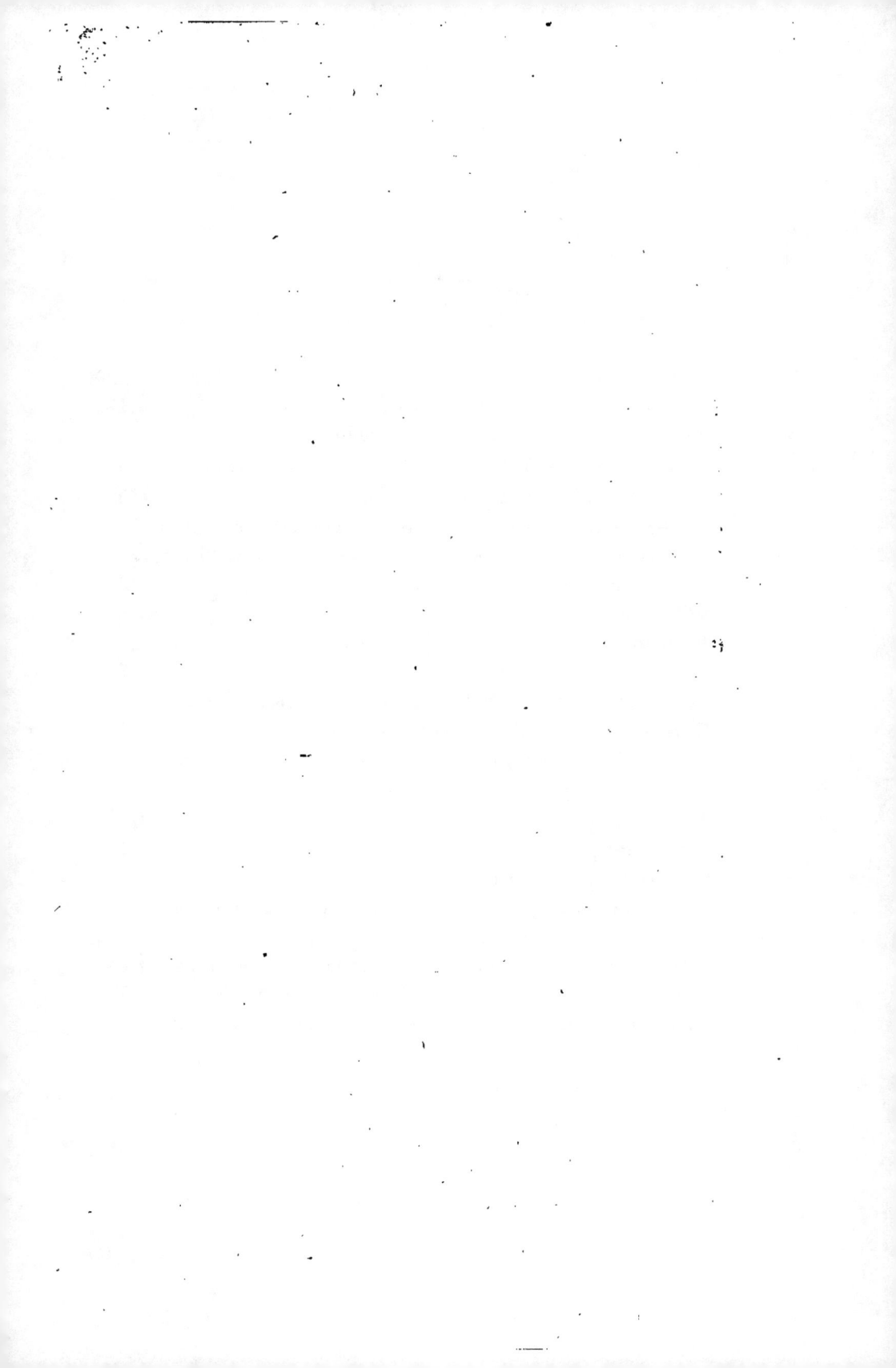

TABLE.

TABLE.

FIN DE LA TABLE.

www.ingramcontent.com/pod-product-compliance
Lightning Source LLC
Chambersburg PA
CBHW071947110426
42744CB00030B/619